Jacob Bott

Die ehemalige Herrschaft Haldenstein

Ein Beitrag zur Geschichte der rhätischen Bünde

Jacob Bott

Die ehemalige Herrschaft Haldenstein
Ein Beitrag zur Geschichte der rhätischen Bünde

ISBN/EAN: 9783743396883

Hergestellt in Europa, USA, Kanada, Australien, Japan

Cover: Foto ©ninafisch / pixelio.de

Manufactured and distributed by brebook publishing software (www.brebook.com)

Jacob Bott

Die ehemalige Herrschaft Haldenstein

Die

ehemalige

Herrschaft Haldenstein.

Ein Beitrag

zur

Geschichte der rhätischen Bünde

von

J. Bott,

Lehrer an der bündnerischen Kantonsschule.

Chur,
Druck und Verlag von L. Hitz.
1864.

Vorwort.

Der Stoff zur vorliegenden geschichtlichen Darstellung wurde hauptsächlich der Chronik *), dem Schloss- und Gemeindsarchiv der ehemaligen Herrschaft Haldenstein, den Landesprotokollen und historischen Quellen der rhätischen Bünde entnommen. Herr Hauptmann Gubert von Salis, dermaliger Eigenthümer des Edelsitzes zu Haldenstein, hat die daselbst vorfindlichen einschlägigen Schriften und Urkunden mit einer Liberalität zur Verfügung gestellt, die seine Gesinnung ehrt und den Verfasser zum aufrichtigsten Danke verpflichtet. Das Tit. Ammannamt zu Haldenstein liess mir mit anerkennenswerther Willfährigkeit verschiedene Dokumente zur Benutzung zukommen, die für meine Arbeit förderlich waren. Die Schriftstücke aus dem Kantonsarchiv verdanke ich der Gefälligkeit des Herrn Registrators Ambr. Schreiber. Ueber Herkunft und verwandtschaftliche Gliederung der ehemaligen herrschaftlichen Geschlechter zu Haldenstein hat mir der als Genealog und Heraldiker wohlverdiente Herr Anton von Sprecher-Bernegg in Chur manchen willkommenen Aufschluss gegeben.

Wenn die Geschichte der Herrschaft als ein Beitrag zur Bündnergeschichte betitelt ist, obgleich Haldenstein in früherer Zeit ein kleines Gemeinwesen für sich gebildet hat, so dürfte diese Bezeichnung in der Thatsache ihre hinlängliche Begründung finden, dass der kleine Staat am Galanda zu den gemeinen Landen Jahrhunderte lang in schutzherrschaftlicher Verbindung ge-

---

*) Siehe pag. 88.

standen, vielfach in die politischen Schicksale derselben verflochten gewesen und zu Anfang dieses Jahrhunderts in den bürgerlichen Verband des Kantons aufgenommen worden ist. Nach unserm Dafürhalten kann nur durch emsiges Sammeln und Verarbeiten des Stoffes zu einer Anzahl Einzelgeschichten ehemaliger Herrschaftssitze und Gerichte des Kantons die Abfassung einer Bündnergeschichte, wie sie dermalen fehlt, ermöglicht werden.

Ueber seine Arbeit steht dem Verfasser selbstverständlich kein Urtheil zu; er hat sie im Drange vielfacher Berufsbeschäftigung geliefert und empfiehlt sie jener Billigkeit sachkundiger Leser, die Richtiges unbekrittelt lässt und Falsches in humaner Weise namhaft macht.

Chur, den 17. April 1864.

J. B.

Bünden hat seit Jahren als eine Schweiz im Kleinen gegolten und ist es auch, nicht nur wegen seiner geographischen Beschaffenheit, sondern ebensosehr im Rückblick auf seine historischen Ueberlieferungen. Seine wunderlich verschlungenen Thallabyrinthe und wildromantischen Bergmassen, seine anmuthigen Niederungen und aussichtreichen Höhen, seine idyllischen Alpenseen und über jähe Abgründe rauschenden Gewässer, seine an das milde Klima Italiens anstreifenden südlichen Landschaften und der ewige Winter einer weitverzweigten Gletscherwelt, seine botanischen und geologischen Verhältnisse haben „alt fry Rhätien", namentlich in jüngster Zeit, in stets steigendem Maasse diejenige Würdigung zu Theil werden lassen, welche ihm die Natur angewiesen und flössen dem reisenden Publikum wie den Männern der Wissenschaft auf verhältnissmässig geringem Umfange das Interesse ein, welches die Schweiz im Grossen darbietet.

Bünden ist aber nicht blos als Bergland ein Miniaturbild der Schweiz, sondern hat auch politisch seit der zweiten Hälfte des Mittelalters bis zu Anfang unseres Jahrhunderts als eine Eidgenossenschaft im Kleinen bestanden. Die Bünde in Rhätien hingen kaum inniger zusammen als die Kantone der Schweiz; hier und dort übten weltliche und geistliche Dynasten Herrschaftsrechte aus; rhätische und helvetische Republikaner hatten es nach blutig erstrittener Freiheit über ihr politisches Gewissen vermocht eigene Unterthanen zu knechten, welche ein gütiges Geschick in der Schweiz der Zahl freier Eidgenossen einverleibte, während sie in Bünden der Ingrimm gegen ihre Gebieter und diplomatische Intriguen meist der Republik entrissen und der Monarchie zuführten. Somit hatte Bünden in seiner Isolirung, was der Schweiz eignete, nur nicht das Kleinod der Eintracht und die Bedingungen staatlicher Selbstständigkeit, die ihm erst als ebenbürtigem Glied der Eidgenossenschaft zu Theil werden sollten. Hat Bünden mithin bei Erwähnung seiner ehemaligen italienischen Besitzungen, der beiden Grafschaften Worms und Cläven und des Thales Veltlin, von Verlusten zu reden, obgleich die Wünschbarkeit der Aufnahme derselben in den Freistaat beanstandet werden kann, so ist doch auch mancher auf rhätischem Boden gelegene herrschaftliche Sitz mit den damit verbundenen Feudalrechten als eine von der Macht der Verhältnisse gezeitigte Frucht der Republik in den Schooss gefallen. Wir gedenken der ehemaligen Rechtsame, welche mit den Namen Rhäzüns, Trasp, Haldenstein verbunden waren und, weil sie dem von Frankreich her erhobenen Siegesruf nach „Freiheit und Gleichheit" widerstrebten, in dem Sturmlauf des Volkes gegen politische Bevormundung untergegangen sind. Es ist nun wie in anderen Zweigen des Wissens, so namentlich auch auf dem Gebiete der Geschichte nichts Seltenes, dass man im Haschen nach dem Fernliegenden das räumlich und zeitlich Nächste übersieht oder doch nicht nach Gebühr beachtet.

So mag denn auch die Zahl derer, welche über die Vergangenheit der oben berührten Edelsitze einlässlicheren Bescheid wissen, selbst unter den Einheimischen eben nicht hoch anzuschlagen sein und die Wahl des Gegenstandes nachfolgender, historischer Abhandlung keines anderen Ausweises bedürfen als desjenigen, den diese selbst gegenüber billigen Wünschen anzustreben hat.

Haldenstein, ehemals eine Freiherrschaft, klingt heut zu Tage gar wunderlich in unsern Ohren, und doch walteten die ritterlichen Herren mit einer Macht und einem Ansehen in ihrem Kreise, wie sie selbst der Czar aller Reussen in dem seinigen nicht vollkommener besitzen kann. Des Gebieters Gutfinden galt als Gesetz von einem Ende der Herrschaft bis zum andern; er war der einzige Machthaber auf seinem freiherrlichen Sitz und beugte sich nur vor der Gewalt dessen, welchen er zum Schutz gegen seine mitunter widerhaarigen Unterthanen ansprach; diese selbst waren ihm meist mit Leib und Gut verfallen und wurden, so oft sie der böse Dämon sündlicher Selbstbestimmung ergriff, durch Dazwischenkunft der drei Bünde, auf den Weg der Busse und schuldigen

Gehorsams zurückgeführt. Das Reich des Herrn von Haldenstein hatte mit jedem Andern, daher auch mit dem des mächtigsten Autokraten die Eigenschaft gemein, dass es nach „allen vier Strassen der Welt" sich ausdehnte; es verband aber damit den Vorzug, dass der gestrenge Gebieter ohne Fernrohr und Vogelperspective all' sein Hab und Gut in Berg und Thal, Feld und Wald, mit Mann und Maus in einem Blick mit höchst eigenen Augen überschauen und bei halbweg guter Lunge auf seiner und nicht zu hartem Gehör auf ihrer Seite den getreuen Nachbarn zu Chur und Trimmis im Osten seinen Morgengruss, den Vättisern im Westen die Abendwacht, den Felsbergern im Süden gesegnete Mahlzeit zum Mittagsbrod und den nördlichen Vatzern den Anbruch der Geisterstunde vernehmlich zuentbieten konnte. Das herrschaftliche Gebiet erstreckte sich vom Fusse bis zum Scheitel des durch Felsenbänder vielfach durchschnittenen Galanda, mit seinen Weiden und Alpen, seinen Wäldern, Höhen und Berggütern und umfasste ausser der Gemeinde Haldenstein noch die den verheerenden Fluthen des Rheins abgerungene Thalsohle mit der durch einen Felsenvorsprung von den übrigen Feldern abgerissenen Wiesenfläche Oltis, für welche Zürcherspekulanten um die Mitte des achtzehnten Jahrhunderts fl. 100,000 behufs Anlegung einer Bleiche anboten, sie aber von der Gemeinde, deren Güterumfang ohnehin beschränkt ist, nicht erhielten)*. Die freiherrliche Armee mochte, wenn Mann und Weib, Alt und Jung, selbst der Säugling in der Wiege aufgeboten wurde, auf höchstens vierhundert Seelen mit und ohne Waffen sich belaufen. Der Regent konnte sich aber nicht einmal immer auf die Treue dieses Häufleins verlassen und hat sich doch im Besitze seiner Rechte zu behaupten gewusst, bis die Stürme der französischen Revolution, welche mehr als eine königliche Krone in den Staub traten, auch seinen Herrscherstab zerschlugen.

Von dem ursprünglichen Sitze der Haldensteinerdynasten zeugen die noch immer ansehnlichen Bergruinen von Haldenstein, Lichtenstein und Krottenstein. Diese Trümmer reden nicht sowohl von der Vergänglichkeit, — was wäre nicht vergänglich in dieser

---

*) C. U. v. Salis Marschlins, Neuer Sammler, sechster Jahrgang, 2. Heft pag. 171.

Erdenwelt? — selbst die Schöpfungen göttlicher Allmacht in der Natur sind es, geschweige denn die Werke ohnmächtiger Menschenhand; sie reden vielmehr von gewaltigen Kraftmenschen, welche jene Felsensitze bewohnten, von einer Zeit schroffer Scheidung in der bürgerlichen Gesellschaft, welche den Einen die Vorrechte und Genüsse, den Andern die Lasten und Unbilden des Lebens zuwies, von einer Ordnung der Dinge, da der Mensch sich vor nichts Anderem beugte als vor der Gewalt des Stärkeren. Wann und von wem jene Burgen am Abhange des Galanda gebaut worden sind, die urkundlich beglaubigte Geschichte hat darauf keine Antwort. Namen und Lage derselben weisen auf deutschen Ursprung und die Bestimmung hin, die Strassenverbindung zwischen Deutschland und Italien zu decken. Die Burgherren mögen deutsche Ansiedler gewesen sein, welche sich auf Anordnung der sächsischen, fränkischen oder schwäbischen Kaiser in den rhätischen Thalgeländen niederliessen, um die Alpenpässe nach der Lombardei offen zu halten; wie sich denn heute noch auf beiden Ufern des Rheinstromes, von der Grenze Deutschlands bis an den Fuss der Bergübergänge, durch ganz Bünden eine fortlaufende Reihe ehemaliger Bergfesten an den Trümmern derselben nachweisen lässt.

Der bündnerische Geschichtschreiber Campell hält die rhätischen Burgen deutschen Namens für lepontischen Ursprungs und führt ihre Entstehung in die Zeit vor der Einwanderung der Rhätier, mithin ins Alterthum, zurück*).

Das alte Schloss Haldenstein, Stammsitz der Freiherren dieses Namens, stand auf einer etwas überhängenden Felswand, nicht weit ob dem Dorfe, ein sieben Stockwerke hohes Gebäude mit einem ungleich höheren Thurme, worin Gefängnisse, Folterwerkzeuge, Küche und viele dunkle Gemächer, und war noch zu Anfang des achtzehnten Jahrhunderts, theilweise wenigstens, bewohnbar. In Folge eines Fellsturzes in der Nacht 23/24. Christmonat 1769 sank die vordere Seite des Schlossgebäudes ein. Baron Rudolph von Salis Haldenstein, der um das Jahr 1780 seine Haldensteiner-Chronik schrieb, theilt uns über das Schicksal des Schlosses Folgendes mit: „Die Herren von Schauenstein haben es

---

*) Ulrich Campell, 2 Bücher rhätischer Geschichte, bearbeitet von Conr. von Moor, 2. Buch p. 13.

zu gewissen Zeiten bewohnt und hergestellt. Noch bei Denkzeiten hatten selbige Wein in den äusserst vortrefflichen Weinkellern desselben, und es waren bis vor einigen Jahren ganze Zimmer mit guten Kachelöfen, eine schöne Bibliothek, mit Kästen und Kisten, Harnische, Doppelhaken und andere Schiessgewehre, oben unter dem Dache eine Handmühle und Gerstenstampfe anzutreffen. Besonders aber fand sich eine neugetäfelte Stube vor, in welcher das freiherrliche, schauensteinische Wappen — ein schwarzes Horn im weissen Felde oder auf einem offenen Helm — zier geschnitten war."

Nach dem Erlöschen des freiherrlichen Hauses Schauenstein zu Haldenstein, gegen Ende des siebenzehnten Jahrhunderts, „wurde das Schloss", wie der gleiche Chronist berichtet, „der brauchbaren Dinge entblösst, die Kachelöfen hinweggebracht, die Bibliothek entwendet und das Getäfel von Schatzgräbern von den Wänden gerissen". Die Herren von Schauenstein selbst sollen in ihrer ökonomischen Zerrüttung zur Schatzgräberei in den untern Gewölben und Kellern des Schlosses ihre Zuflucht genommen haben, wodurch sie wohl den Verfall des Edelsitzes beschleunigten, aber nicht den verblühenden Glanz ihres Geschlechtes zurückzuführen vermochten.

Nördlich, auf der sonnigen Anhöhe eines vorspringenden Felsenecks gelegen, erhob sich einst in Form eines länglichen Vierecks Lichtenstein, die Stammburg der fürstlichen Familie dieses Namens, welche sich bei Grundlegung ihres Palastes zu Wien zu Anfang des vorigen Jahrhunderts Steine von den lichtensteinischen Schlosstrümmern zu Haldenstein erbat und mit Erlaubniss des Freiherrn erhielt. Von hoher Felsenwarte aus beherrschte Lichtenstein den Pass auf den Berg und die Landstrasse am Rhein, mochte älter sein als die Bergfeste Haldenstein und fiel auch viel früher in Trümmer. Sie sind ansehnlich und zeugen von dem bedeutenden Umfang und der Festigkeit des Gebäudes, das einst an der Stelle gestanden.

Beträchtlich höher, mitten zwischen beiden Schlössern in waldiger Umgebung gelegen, trifft man Krottenstein. Es wird von einer Höhle gebildet, die eine mit Fenstern und Schiessscharten versehene Mauer verschliesst. Weder Bauart, noch Lage und Umfang lassen an ein ehemaliges Schlossgebäude denken; Krottenstein mochte als letzter und sicherster Zufluchtsort der bedrängten

Burgbewohner von Lichtenstein und Haldenstein in Kriegsnöthen gelten und in der abgelegenen Stille gegen feindliche Nachstellungen Schutz bieten. Der doppelte Umstand, dass Krottenstein von den alten Chronisten zuweilen nur als Burgstall bezeichnet wird und Guler der einzige von ihnen ist, der von den vorgeblichen Edeln von Krottenstein Notiz nimmt, während die Bewohner der beiden andern Schlösser eine bestimmte Gestalt in der geschichtlichen Ueberlieferung erhalten haben, ist geeignet, diese Voraussetzung zu unterstützen.

Campell berichtet, dass Lichtenstein zu seiner Zeit (um 1580) in Trümmern gelegen, die Burg Haldenstein noch wohlerhalten gewesen; läst aber Krottenstein unerwähnt *).

Nach diesen flüchtigen Bemerkungen über Lage, Umfang, Beschaffenheit und ursprüngliche Edelsitze der Freiherrschaft Haldenstein, schreiten wir zur Darlegung der Geschichte derselben fort.

Wir fassen die Regierungsfolge der einzelnen Schlossherren, die Stellung derselben zu ihren Untergebenen und beider Theile zu den beschirmenden Orten nebst den gerichtlichen Institutionen der Freiherrschaft ins Auge. Auf diese Gesichtspunkte gestützt, gewinnen wir folgende Stoffeintheilung:

1. Die Freiherrschaft und ihre Besitzer.
2. Die Gebieter und ihre Unterthanen.
3. Die Schutzorte und ihre Schützlinge.
4. Haldenstein und seine ehemaligen gerichtlichen Einrichtungen.

I.
Die Freiherrschaft und ihre Besitzer.

Die Herrschaft Haldenstein im Mittelalter, von ihrem Ursprung bis auf Joh. Jak. von Castion.

Die ältesten Ueberlieferungen über die Freiherrschaft Haldenstein und deren Besitzer, über ihre Edelsitze und deren wechselseitige, dynastische Rechte, über die Inhaber der letzteren und ihre Beziehungen zu den andern Mächtigen im Lande gehören

---

*) Siehe Bearbeitung von Conr. v. Mohr, 1. Buch, 11. Capitel p. 44 u. 45.

nach herkommlicher Regel in solchen Dingen der Sage an, welche der Vermuthung freien Spielraum gewährt und erst in einer späteren Periode vor den zweifellosen Thatsachen urkundlich beglaubigter Geschichte weicht. Wer die frühesten Bewohner jener Bergfesten gewesen, deren Ruinen wir im Vorigen beschrieben, und wie die Stellung der Schlossherren zu ihrer Nachbarschaft entstanden ist, das lässt sich aus Mangel an Nachrichten ebensowenig mit Sicherheit bestimmen, als der Gewalthaber bezeichnen, dem die Edeln von Haldenstein zunächst ihre herrschaftlichen Rechte zu verdanken hatten. Ihre Entstehung greift Allem nach in die Zeit der germanischen Feudalverfassung zurück und kann mithin im Hinblick auf die einschlägigen Verhältnisse nur von dem deutschen Kaiser oder dem Bischof von Chur abgeleitet werden, dessen politische Gerichtsbarkeit selbst wieder in der Gunst des Reichsoberhauptes ihren Grund hatte. Es unterliegt keinem Zweifel, dass der Inhaber des rhätischen Bisthums schon in früher Zeit eine bevorzugte Stellung in der Herrschaft Haldenstein einnahm.

Diese Thatsache hing zunächst schon mit dem geistlichen Character des Fürsten auf der Pfalz Chur zusammen, der ihm das kirchliche Oberaufsichtsrecht in der Freiherrschaft wie in den übrigen Theilen seiner ausgedehnten Diözese zusichern musste; wie denn der doppelte Umstand, dass die Seelsorge in Haldenstein schon in früher Zeit von dem bischöflichen Hofe aus verwaltet wurde und, wahrscheinlich vor der Gründung eines eigenen Gotteshauses daselbst, eine eigene Gruft für Beisetzung verstorbener Glieder des freiherrlichen Geschlechtes in der bischöflichen Domkirche bestand, auf die nahen Beziehungen hinweist, welche zwischen Hof-Chur und der benachbarten Herrschaft walteten. Ebenso unleugbar ist die Behauptung, dass das Bisthum schon in früher Zeit, kraft kaiserlicher Verleihung, namhafte Güter daselbst innegehabt hat, indem es bis auf den heutigen Tag in dem unangefochtenen Genuss eines bedeutenden Waldes auf dem Gebiete der Gemeinde Haldenstein verblieben ist. Diese Thatsachen berechtigen aber noch keineswegs zu der Annahme unseres Chronisten, dass die Herrschaft Haldenstein vor Zeiten ein Lehen der Bischöfe von Chur gewesen sei. Hätte es sich wirklich so verhalten, so würden diese nahen Beziehungen zwischen dem Bisthum und der Herrschaft auf die späteren politischen Schicksale der

Bewohner von Haldenstein nicht wirkungslos geblieben sein. Diese müssten vielmehr, namentlich bei Abschluss der Bünde, das Loos der Gotteshausleute getheilt haben, und würden nicht bis in das neunzehnte Jahrhundert ausser allem Zusammenhang mit ihnen gestanden sein. Der ritterliche Bischof Hartmann, Graf von Werdenberg, wollte, nach dem Bericht des Chronisten Sprecher in seinem Artikel über Haldenstein, freilich nach dem Ableben der Anna von Haldenstein, der letzten ihres Geschlechtes, in Folge entstandener Erbstreitigkeiten, die erledigte Herrschaft als Lehen des Bisthums einziehen (1419), wurde aber durch Beschluss der rhätischen Schutzorte mit seinen Ansprüchen rundweg abgewiesen, was bei dem befreundeten Verhältnisse der Bünde, namentlich gegenüber diesem Kirchenfürsten, gewiss nicht geschehen wäre, hätte er genügende Rechtstitel aufweisen können. Diese Thatsachen in Verbindung mit der politischen Stellung der Herrschaft überhaupt, lassen auf die ursprüngliche Reichsunmittelbarkeit derselben schliessen, wie denn der Freiherr Georg Philipp von Schauenstein sich auch ausdrücklich in seinem Conflikt mit den Bünden im Jahr 1668 darauf berief.

Campell behauptet geradezu, dass Gerichtsbarkeit, Regalien und Privilegien von den deutschen Kaisern einst der Herrschaft geschenkt worden seien *).

Eine andere Behauptung, welche derselbe Freiherr in einem Schreiben vom 11. Juni gleichen Jahres an die Bünde aufstellt, dass sein Geschlecht schon seit sechs Jahrhunderten die Herrschaft besessen, wornach die Haldenstein und Schauenstein gleicher Abstammung gewesen wären, mag mehr in dem Streben, streitige Rechte durch Berufung auf vieljährigen Besitz zu begründen, als auf historischer Zuverlässigkeit beruhen. Der älteste urkundliche Bericht über die Freiherren von Haldenstein geht in das Jahr 1294 zurück, in welchem Einer dieses Namens, Rudolf, nach Guler**) und Stumpf***), bei der Verpfändung der Herrschaft Flums an Ritter Ulrich von Flums durch Bischof Heinrich von Chur, als Zeuge auftrat.

*) In seiner topographischen Beschreibung von Hohenrhätien, bearbeitet von Conr. von Mohr, p. 44.
**) Rhaet., p. 238.
***) Chronik, p. 628.

Die Ritter Egenolf, Rudolf, Ulrich, Burkhard und Johann, durch Reichtum und Macht hoch angesehen, erscheinen um's Jahr 1340 bei den bündnerischen Chronisten als Herren von Lichtenstein und Haldenstein. Hiernach lagen um die Mitte des vierzehnten Jahrhunderts beide Edelsitze in der Hand eines Geschlechtes. Auf dieser Thatsache mag denn auch die Ueberlieferung beruhen, dass die Edeln von Lichtenstein um die gleiche Zeit nach der Grafschaft Tyrol ausgewandert seien und in der Gegend von Botzen ein Schloss dieses Namens erbaut haben, in dessen Besitz sich die gräfliche Familie derer von Lichtenstein noch heute befindet. Altererbte Standesinteressen konnten nicht umhin die Edeln jener Zeit gegen die aufstrebende Volksfreiheit unter die Waffen zu rufen. Im Jahre 1386 focht Albrecht von Lichtenstein bei Sempach 1388 Freiherr Rudolf von Haldenstein bei Näfels gegen die Eidgenossen. Beide fielen; ob letzterer, wie die schadenfrohe Sage berichtet, mit einem Schabzieger oder von den Streichen einer feindlichen Streitaxt erschlagen wurde, macht nichts zur Sache; der Drang nach bürgerlicher Gleichstellung trug an beiden Orten den Sieg über das Vorrecht davon.

Lichtenstein von Haldenstein, mit welchem das Geschlecht in männlicher Linie erlosch, wurde von seines Bruders Tochter, Anna, beerbt *), welche im Jahr 1390 kinderlos starb. Nachdem die männlichen Ansprecher, Christoph Hertnegg, der zweite Gatte der Verstorbenen, und Walter von Hallwyl, Sohn der Elisabeth von Montalta, verwittwete Haldenstein, aus zweiter Ehe durch Aversalsummen abgefunden und die weiblichen Erbbefugnisse festgestellt worden waren, kam im J. 1424 die ganze Herrschaft erb- und kaufweise an Petermann von Griffensee, den Gatten der Tochter Gottfrieds von Ems und der Margreth von Haldenstein. Er führte seinen Namen von der Feste bei Flums und war österreichischer Vogt in der Herrschaft Sargans **). Beim Antritt der Herrschaft Haldenstein errichtete er wegen des Berggutes Sewils, das später Patänien genannt wurde, mit drei Brüdern dieses Geschlechtes, Hans, Dietrich und Joos, einen Lehenbrief folgenden Inhalts: „Die Brüder, ihre Erben und Nachkommen erhalten das

---

*) Guler, Art. Haldenstein.
**) Guler, Rhaet. p. 209 u. 212.

Gut mit Grund und Grad, Wies und Weid, Stäg und Weg, Holz und Wald, Stock und Stein, mit Gereutem und Ungereutem, vom Zwyg (d. h. von den Bäumen) wildem und zahmem, Wasser und Wasserfluss, mit 24 Kuhweid und für Galt- und Schmalvieh nach Bedürfniss, gegen einen jährlichen Zins von neun Pfund Heller Churwährschaft, zehn Pfund gut und ungefährlich (d. h. ohne Gefährde, treu und redlich), Schmalz am Martinstag nebst Vogelmahl". Säumniss in Entrichtung des Zinses hat Heimfall zur Folge. Nach Tschudi *) kam 1436 zwischen dem Grafen Petermann von Griffensee, Herrn zu Haldenstein, und dem Probst und Kloster St. Luzi zu Hof-Chur ein Vertrag zu Stande, laut welchem dieses die Besorgung des Gottesdienstes zu Haldenstein gegen fünfzehn Scheffel Korn jährlicher Gülte übernahm.

Petermann von Griffensee ging um's Jahr 1450 mit Tod ab, worauf die Herrschaft auf seine drei Söhne, Hans, Ulrich und Rudolf, überging, die aber bei ihrem Ableben eine derartige Schuldenlast hinterliessen, dass ihre Anverwandten zu Gunsten der Gläubiger auf das Erbe Verzicht leisteten.

Die Herrschaft fiel den 18. März 1494 für die Kaufsumme von 1838 Gulden rheinisch an Heinrich Ammann von Grüningen, Hauptmann zu Chur. Wir theilen aus dem Kaufbrief, der durch den eidgenössischen Vogt zu Sargans, Peter Veer *), Anthonj Thyg und Hans Ammann als Massavögte, unterzeichnet wurde, einige formell und inhaltlich bemerkenswerthe Stellen mit: „Wir all dry", heisst es unter Anderm, „haben nach gehaltenem Rath und guoter Vorbetrachtung, einen stetten, immerwährenden, unwiderruflichen, ufrechten, redlichen Kauf verkauffen und kauffen gegeben mit Mund und Hand und in all Wiss und Wege wie dann ein jeglicher stetter und ewiger Kauf von billiger Gewohnheit, durch Recht wohl Kraft und Macht hat, haben soll, kann und mag, jetzt und hiernach ewiglich und also zu kauffen für uns als Gewalthaber, Vögte und für alle deren von Greifensee Erben — dem frommen, wysen Heinrich Ammann von Grüningen und seinen Erben, Geburg und Schloss Haldenstein — die Rinet und auch

---

*) Chronik, Bd. 2, p. 214.
**) Im Jahre 1483 hatte Graf Georg von Sargans diese Landschaft um dreizehntausend Gulden an die sieben Orte der Eidgenossenschaft verkauft.

das Dorf unter dem Schloss zu Haldenstein gegen dem Rin gelegen — für luter eigen mit Lütten und Güthern und aller Herrlichkeit, mit allen Gerechten, Gewaltsamen, Eigenschaften der Lüte daselbst zu Haldenstein in Berg und Thal, auch die eigen Lütten — Leibeigenen — die ob und unterhalb der Landquart oder die gesässen sind und hiernach sässhaft werden — mit allem Nutzen, Zinsen, Tagwersten (Frohndiensten), Vastnachthennen, Vellen (Gebühren), Gelästen, grossen und kleinen Zehnden zu Haldenstein, Zwingen, Pennen d. h. Bussen, Wunnen, Weiden, mit den Frohnvelder ob und unter dem Stein, d. h. Güter die mit Tagleistungen und Frohnden belastet waren, mit Aerzt und andern Metallen, Mühlistetten, Vischentzen, Gejägd und Vederspyl, auch die Zwygen grossen Alpen, dem kleinen Aelply Quetnätsch zum Schloss gehörig, alsdann dis Alles die alten Herren von Haldenstein innegehabt und genossen haben und dazu all die Recht und Gerechtigkeiten des Altars zu Chur in unserer lieben Frauen Münster. Die Vögte ertheilen Heinrich Ammann und seinen Erben „Währschaft", dass die von Greifensee Erben das Gebiet von Haldenstein nicht wieder kaufen und lösen werden und sind guoter Hoffnung, dass unsere Herren, gemein Eidgenossen, ihnen, wie sich gehört, des Kaufs Hülf und Stärkung thujgen, sy daby zu handhaben getreulich und ungefährlich, dass der gemeld Heinrich Ammann in sy als sine natürlichen Herren gesetzt hat."

Nach Sprecher *) war Heinrich Ammann Canzler des Bischofs von Chur und diente der Stadt als Hauptmann im Schwabenkriege. An der Spitze des Bisthums stand damals Heinrich von Heuen. Er hatte sich in jener sturmbewegten Zeit, vielleicht durch unkluges Benehmen, feindlicher Umtriebe gegen Land und Volk verdächtig und dadurch so verhasst gemacht, dass er sich namentlich vor dem Hasse der Oberbündner in seiner eigenen Pfalz zu Hof-Chur nicht sicher fühlte und mit einer Leibwache unter dem Oberbefehl Ammann's umgab. Der unglückliche Mann musste gegen seinen Willen an einem Feldzug an die österreichische Grenze zum Schutze des Münsterthals Theil nehmen, flüchtete sich nach der Grafschaft Tyrol, stiess bei Einheimischen und Fremden auf Misstrauen und starb zu Strassburg in selbst-

---

*) Chronik, p. 114.

gewählter, aber nothgedrungener Verbannung. Ammann selbst spielte in jenen blutigen Kämpfen, welche unsere rhätische Heimath beunruhigten, eine rühmliche Rolle und starb im Jahr 1504. Nach Ammann's Ableben und der Befriedigung der Gläubiger kam die Herrschaft an die Edeln von Marmels, zuerst an Conradin und bald darauf an Rudolf, der sich als Krieger und Staatsmann gleich grossen Ruhm erworben hat. Er war Herr zu Rhäzüns, Bonadutz, Ems und Felsberg, bekleidete Hauptmannsrang und wurde häufig als Gesandter an dem französischen Hofe verwendet. Mit seinem Vater Conrad, zubenannt der Stelzer, und seinem Bruder Johann zeichnete er sich durch Heldenmuth in der Calverschlacht*) aus. Ein Marmels ist es gewesen, der unter dem Donner des feindlichen Geschützes einer der Ersten die tyroler'sche Schanze erstieg. Noch vor Beendigung des Schwabenkrieges entbrannte zwischen der Krone von Frankreich und den Herzögen aus dem Hause Sforza der Kampf um den Besitz von Mailand, woran mit den Eidgenossen auch die Bündner, seit den schwäbischen Unruhen deren zugewandte Glieder, sich betheiligten. Rudolf that sich während der mailändischen Feldzüge besonders durch seine staatsmännische Thätigkeit hervor. Er schloss im Jahr 1508 Namens der drei Bünde zu Mailand mit König Ludwig XII. ein Bündniss, erlangte im Jahr 1513, demselben, in welchem die blutige Heldenschlacht von Novarra vorfiel, die Würde eines Landeshauptmanns im Veltlin und wohnte dem Abschluss der ewigen Vereinigung zwischen dem französischen Hofe und der Eidgenossenschaft 1516 bei. Im Jahr 1529 trat er die Herrschaft Haldenstein an seinen Vetter Jakob von Marmels ab, dessen Wittwe nach seinem im Jahre 1540 erfolgten Tode mit Joh. Jak. von Castion sich vermählte. Er war ein mailändischer Edelmann und Gesandter der französischen Krone**) bei

---

*) Sie heisst nach herkommlicher Darstellung „Schlacht auf der Malser-Heide", wohin der Kampfplatz fälschlich verlegt wird, während derselbe nach zuverlässigen Berichten und den Ueberlieferungen der einheimischen Bevölkerung in der Gegend zwischen Taufers und Latsch in dem ehemaligen Calven zu suchen ist.

**) Die Vertreter der französischen Krone bei den drei Bünden in jener Zeit hielten sich abwechselnd in Chur und der Herrschaft Haldenstein auf.

den drei Bünden. Seine diplomatische Carriere fiel in die Regierungszeit Franzens I. von Frankreich und Karls V. von Deutschland und Spanien, der Beiden unversöhnlichsten und mächtigsten Nebenbuhler, welche die Geschichte kennt. Der Hauptzankapfel der beiden Monarchen war, die gebietende Machtstellung in Italien und den Bünden, welches die Bergübergänge nach der apenninischen Halbinsel schliessen oder offen halten konnte und für jeden von ihnen gleich wichtig erschien, wesshalb auch der Eine wie der Andere die Gunst der rhätischen Republik suchte.

Die Aufgabe, der Castion sich widmete, zielte mithin auf Unterhaltung freundlicher Beziehungen zwischen seinem Hofe, Bünden und der Eidgenossenschaft und die Vereitelung von Bündnissen zwischen diesen und dem deutschen Reichsoberhaupte ab. Seine Gemahlin, die Wittwe des Jakob von Marmels, war Hilaria von Reitenau, aus einem alten angesehenen Geschlechte der Stadt Chur. Sie trat gegen die Summe von 2040 Gulden rheinisch die Herrschaft erblich an ihren Gatten ab und erhielt überdies die Zusicherung des lebenslänglichen Genusses derselben als Wittwensitz nebst einer Morgengabe von dreihundert Kronen. Beim Ableben des einen oder andern Theiles ohne Leibeserben aus dieser Ehe, sollte die Herrschaft an die nächsten Erben des Gatten übergehen und im Falle der Veräusserung zuerst dem Hause Hohenbalken und dann den Edeln von Marmels angeboten werden. Die Ehepacten kamen unter Vermittlung des Leonhard von Hohenbalken, der Hilaria Eidam, Anton Travers zu Rietberg, Rudolf von Marmels, des ehemaligen Besitzers von Haldenstein und des kaiserlichen Vogts zu Gutenberg, Balthasar von Ramschwag, den 1. Christmonat 1541 zu Stande.

Im Jahr 1550 trat Castion zu Baden unter den Schutz und Schirm der eidgenössischen sieben Orte, welche die Landvogtei besassen, und versprach ihnen in Kriegsnöthen mit seiner Herrschaft „verpflichtet und gewärtig zu sein". Dieser Schutzvertrag mit den Eidgenossen hatte einen langwierigen Streit mit den drei Bünden zur Folge, den wir im dritten Abschnitt unserer Darstellung beleuchten wollen.

Zeitraum unter Castion bis auf Rector Thomas. 1542—1608.

Mit der Besitznahme Castions tritt die Darlegung der Geschicke der Herrschaft Haldenstein aus dem Mittelalter in die Neuzeit. Diese neue Periode wird vornämlich durch die Thatsache bezeichnet, dass der neue Gebieter nicht auf felsiger Anhöhe, einsam und abgeschieden von seinen Unterthanen, hauste, sondern es vorzog unten in der Ebene in unmittelbarer Nähe derselben seinen Sitz aufzuschlagen. Der Herr von Castion liess in den Jahren 1544—1548 an derselben Stelle ein neues Schloss aufführen, an welcher heute noch der Salis'sche Edelsitz steht. Castion hielt sich nach Campell seit dem Jahre 1538 als französischer Gesandter in Rhätien auf. Derselbe Schriftsteller, zu dessen Lebzeiten der berührte Neubau erstand, ergeht sich in überschwänglichen Lobeserhebungen über denselben; er preist ihn als ein prächtiges, fast königliches Schloss, als ein Werk der Bewunderung nicht für Rhätien allein, sondern für das ganze obere Germanien. Der Edelsitz zu Haldenstein hat durch Brandunglück, den Wechsel der Zeiten und bauliche Unternehmungen seiner jeweiligen Inhaber manche Wandlungen erfahren. Das Andenken an seinen gefeierten Gründer hat sich aber bis auf den heutigen Tag bei den dankbaren Nachkommen erhalten. Am Eingang in den Schlosshof, über dem Hauptportal des Schlosses selbst und im Innern des umfangreichen, sehenswürdigen Gebäudes stellt sich das Wappen der französischen Krone und der Name ihres einstmaligen prachtliebenden Gesandten in Stein gehauen und gemalt, dem Blicke dar.

Die Zeit war, wenn freilich keine friedliche, so doch eine ruhigere geworden. Die gewaltsame Selbsthülfe der mittelalterlichen Blutrache wich allmählig vor der Dazwischenkunft einer erstarkten Staatsgewalt. Der wüste Schlächtersinn des Ritterstandes wurde von der Macht einer allmählig sich läuternden öffentlichen Meinung und durch die Zucht des Gesetzes mehr und mehr gebändigt und in gebührende Schranken gewiesen. So brauchte man bei Erstellung von Wohnstätten sich nicht blos auf Kriegsfuss einzurichten und auf die persönliche Sicherheit gegen Fein-

---

*) Campell, 1. Buch, bearbeitet von Conr. v. Mohr, p. 45.

desdrang Bedacht zu nehmen und durfte auch den Rücksichten der Bequemlichkeit und des gebildeten Geschmackes Rechnung tragen. Ueberdies waren auch infolge der Erfindung des Schiesspulvers Bewaffnung und Kampfweise wesentlich anders geworden. Für den Donner des Geschützes war keine Felswand zu unzugänglich und keine Mauer zu fest; so mussten jene stolzen Sitze auf gähnenden Abgründen immer mehr veröden, weil sie bei der Umbildung der Zeiten ihren Bewohnern weder Schutz noch Brod zu bieten vermochten und der Edelmann sah sich allmählig genöthigt, den Unbilden der Waffengewalt zu entsagen und den Künsten des Friedens die ihnen gebührende Beachtung angedeihen zu lassen.

Sprecher und Guler melden in den einschlägigen Abschnitten über Haldenstein, dass die Erben des Franz von Castion, Cornelius und Vitellianus de Bossiis von Mailand die Herrschaft dem Hauptmann Gregor Carl von Hohenbalken für die Summe von dreitausend zweihundert Gulden rheinisch verkauft haben. Der Kauf wurde von den drei Bünden auf einem Beitag zu Chur bestätigt und damit auch ihre Schutzvogtei anerkannt. Die Huldigungsakte gegenüber Gregor von Hohenbalken von Seite seiner Untergebenen in der Herrschaft Haldenstein wurde zu Chur den 26. April 1567 im Beisein der Herren Altbürgermeister Hans von Tscharner, Remigius von Schauenstein, Stadtvogt Luzius Tack und Rathsherr Rieffner unter dem Zusiegel des damaligen Amtsbürgermeisters Stephan Willi von Chur, ausgefertigt.

Das altadelige Geschlecht der Hohenbalken, dessen ehemaliges Stammschloss jetzt als Ruine im Kreise Dissentis von hoher Felswand düster ins Thal herniederschaut, hat seiner Zeit manchen wackern Krieger, Staatsmann und Kirchenfürsten geliefert. Gregor Carl [*], Herr zu Haldenstein, that sich durch seine militärische und staatsmännische Tüchtigkeit hervor. Er war Podestat zu Morbegno im Veltlin, wohnte als Hauptmann in französischen Diensten der Schlacht von Cerisoles [**] (1544) bei, vertrat die

---

[*] Ardyser in seinen Biographien berühmter Bündnergeschlechter, Artikel Hohenbalken und Sprecher Chronik, p. 124 u. 125.
[**] Dorf bei Carignan in der piemontesischen Provinz Turin; hier fand den 11. April 1544 ein Sieg der Franzosen unter Graf Enghien über die Kaiserlichen und Spanier unter del Guasto statt.

drei Bünde bei Abschluss eines Vertrages zu Solothurn mit König Carl IX. von Frankreich (1565) und bekleidete in den Jahren 1571—76 zum zweiten Mal die Landvogtei zu Maienfeld, wofür er den drei Bünden eine Wahlgebühr von 6000 Kronen oder 9600 rheinischen Gulden erlegen musste. Als er im Jahr 1593 ohne männliche Leibeserben starb, wurde sein Bruderssohn, Franz Carl von Hohenbalken, Nachfolger in der Herrschaft, die aber schon im Jahre 1594 an Hans Heinrich von Dägenstein, Herrn in Elg im Kanton Zürich, übergieng und da er den Kaufpreis nicht zu erlegen vermochte, an die Erben Franz Carls zurückfiel und im Jahre 1608 für die Summe von dreitausend Kronen an Thomas von Schauenstein, Herrn zu Hohentrins, gelangte.

Seit dem Jahre 1494, da Heinrich Ammann die Herrschaft für Gulden 1338 erstand, war somit der Werth derselben bei der Veräusserung an Freiherrn Thomas um mehr als das vierfache gestiegen, wobei freilich der Wechsel des Geldwerthes nicht ausser Acht gelassen werden darf. Wir schliessen hieran die Darstellung der Geschichte

der Herrschaft Haldenstein unter dem Geschlecht der Schauenstein bis zum Erlöschen desselben im Jahre 1695.

Der erste Freiherr dieses Namens ist unter der Bezeichnung Rector Thomas in der Geschichte von Haldenstein bekannt und gilt mit vollem Recht als eine der bedeutendsten Persönlichkeiten unter den Inhabern der kleinen Herrschaft. Er wurde im Jahr 1563 geboren, eignete sich die Anfangsgründe des Wissens in seinem Vaterlande an, erweiterte seine Kenntnisse in einem Jesuitenkollegium zu München, begab sich von dort zum Fortsetzen seiner Studien nach Italien, wurde Doctor beider Rechte und verwaltete in den Jahren 1582 und 1583 die Rectorwürde an der Universität Padua. Im Jahr 1585 in seine Heimath zurückgekehrt, wurde er mit ansehnlichen Aemtern und wichtigen Missionen betraut. Im gleichen Jahre übernahm er die Verwaltung der bündnerschen Landvogtei in Maienfeld und 1597 das einträgliche Amt eines Vikars im Veltlin. In den folgenden Jahren wurde er als Gesandter zur Beilegung von Zerwürfnissen zwischen den Unterengadinern, den Gotteshausleuten im Vintschgau und der

Grafschaft Tyrol verwendet. Im Jahr 1603 begab er sich als Abgeordneter der drei Bünde zur Beschwörung eines zehnjährigen Bündnisses mit der Republik Venedig nach der Lagunenstadt, wurde von Doge und Gemeinde mit Auszeichnung empfangen und mit dem Orden des heil. Maurizius und einer goldenen Kette dekorirt. Im Jahr 1610 ward ihm von Seite der drei Bünde die Ausübung unumschränkter Herrschaft zu Haldenstein in politischen und kirchlichen Dingen kraft eines Schutzbriefes zugesichert.

Rector Thomas stand aber auch am Wienerhof in hohen Gnaden. Im Jahr 1612 den 31. Sept. wurde er „wegen seiner hohen Verdienste" von dem Kaiser Matthias in den Freiherrenstand erhoben und mit dem Münz-Asyl und Marktrecht zu Gunsten seiner beiden Herrschaften Haldenstein und Hohentrins bedacht. Wir theilen aus den beiden Actenstücken einige bezeichnende Stellen mit und gedenken zunächst des Diploms, laut welchem „Kaiserliche Majestät das ur-alt-adeliche rittermässige Geschlecht derer von Schauenstein und unseren lieben getreuen Thomasen von Schauenstein und Ehrenfels Rittern wegen seiner fürtrefflichen Qualitäten und erzeigten angenehmen, treuen, willigen Diensten sammt seinen ehlichen Leibeserben und Erbes-Erben ihres Namens und Stammes, Manns- und Frauenspersohnen, aus römischer, kaiserlicher Machtvollkommenheit in den Stand, Grad, Ehr, Würd, Gemeinschaft und Gesellschaft der geborenen Freiherrn und Fräulein erheben, gefreien, würdigen, und setzen, ihm und seinen Nachkommen das unirte, gemehrte und gebesserte Wappen derer von Ehrenfels und Schauenstein zu führen erlauben, zu Empfang der damit verbundenen Privilegien und Herrlichkeiten mit Benefizien — Anwartschaft — auf thumbstiftliche, niederen und höheren Aemtern, Geistliche und Weltliche, Panner und Freiherrenlehen, Afterlehen befehligen und alle Geistliche und Weltliche, Ritter, Knechte, Landmarschalle, Hauptleute, Landvögte, Richter, Räthe, Bürger, Gemeinden, Unterthanen, bei Strafe und Pöne von hundert Mark löthigen Goldes, in seinen Rechten und Ehren anzuerkennen, auffordern."

In dem Dokument, welches die Ertheilung der oben angedeuteten Privilegien enthält, heisst es unter Anderm: „Freiherr und Ritter Thomas von Schauenstein nebst seinen Erben, Nachkommen und rechtmässigen Inhabern der Herrschaften Haldenstein und Hohentrins erhalten die Vollmacht, wann und wo so oft ihnen solches gefällig und gelegen in ihren Herrschaften gulden — goldene — und silberne Münzsorten, gross und klein — mit Innschriften, Bildnussen, Wappen und Gepräg auf beiden Seiten schlagen und münzen zu lassen; doch sollen alle solche Münzen von Strich, Nadel, Gehalt, Korn, Gewicht und Grad anderer unserer auch Kurfürsten, Fürsten, Stätt und Ständt des Reiches Ordnung gemäss und nicht geringer sein."

„Ueber dieses so haben wir oft und viel ernannten Thomasen von Schauenstein, Freiherrn und Erben diese fernere besondere Gnade gethan, bewilliget und erlaubt, dass sie nun fürbasshin diejenigen, so etwa an Einem ohngefährlichen — unvorsätzlichen — Todtschlag oder tödtliche Verwundung begehen, oder vielleicht Schulden oder anderer Imputationen wegen, ohnsicher sein, in dero Herrschaften unter dem sicheren Glaidt als in einem geordneten, und gestellten Assylo und befreiten Orth allenthalben hausen, höfen, ätzen, tränkhen, und Gemeinschaft mit ihnen haben mögen, nach ihrer Nothdurft, Willen und Wohlgefallen, und dass solche Persohnen daselbst Jahr und Tag solang das sichere Glaidt währet, weder mit noch ohne Recht von einiger Obrigkeit daraus genommen werden mögen." Nach Ablauf des sichern Geleits hing es lediglich von dem jeweiligen Freiherrn ab, ob er über seine Schützlinge von sich aus aburtheilen oder die Straffälligen der kompetenten Behörde zu gerichtlichem Einschreiten ausliefern wollte. Muthwillige Todtschläger und betrügerische Falliten wurden dagegen des sicheren Geleits für unwürdig erklärt.

„Und zu noch fernerer Erzeigung unserer zu dem Schauenstein tragenden, gnädigen Affection, heisst es weiter, so haben wir ihm und seinen Erben bewilliget und zugelassen, dass sie bei denen selbigen Herrschaften jährlichen zwei ordentlichen Jahrmärkten, auch wöchentlich einen Wochenmarkt nach bester Gelegenheit der Landes-Arth — zum Besten ihres Gefallens anrichten und unverhindert hinführo in Ewigkeit(!) halten sollen und mögen." — Störungen und Beeinträchtigungen in Ausübung dieser Privilegien werden mit einer Busse von fünfzig Mark löthigen Goldes belegt.

Auf oben berührtes Kaiserl. Privilegium gestützt, kam der Freiherr Thomas zu Haldenstein mit dem Gesuch um Anerkennung desselben auf dem Gebiete der drei Bünde ein, worauf „Gmeiner Löblicher dreier Pündten in Hohen, Alten Rhätien präsidirende Präsidenten (!) unb Raths Gesandte, aus Gewalt und Befelch unserer aller Oberen, den 3. August 1615 allhier zu Chur, am offenen Bundstag bei einander versammelt, bekennen und thun kund, dass ein gemeldetes Fürbringen des Wohlgeborenen, Edeln, Gestrengen Herrn Thomas von Schauenstein sammt besagtem Privilegio in Ablesung desselben wohlverstanden und alle Gelegenheit und Nutzbarkeit, so unsern Gemainen Landen hieraus entstehen mag, wohl erdauert haben und hiermit auch wissentlich approbirt und befehlen, dass Alles und allerley Geld und Münzen, so Bemeldten Ihro Gnaden an guter, bewährter Münzgenossenschaft, laut bemeldtem, Kaiserlichem Privilegio und gegebener Prob schlagen lässet, so nach geschehenem Ruf an alle unseren Unterthanen, Städten, Ländern, Gebieten, Gemeinden, Orten und Enden — gängig und läufig sein und von manniglichen ungeweigerlich angenommen worden, und so gebieten wir allen Gerichten, Oberkeiten unserer und unserer Unterthanen Landen, dass bei Vorliehrung unserer oberherrlichen Huld, diesem unserm Dekret nachgekommen werde." Hiemit war das dem Freiherrn von Haldenstein am Wienerhof ertheilte Münzprivilegium auf dem ganzen Umfang der drei Bünde und auf dem Gebiet der italienischen Vogteien anerkannt worden, führte aber, wie der Verlauf der Darstellung zeigen wird, häufig zu höchst unerquicklichen Verhandlungen.

Die Regierung des Rectors Thomas fiel in die verhängnissvollste Drang- and Sturmperiode, welche die Republik der rhätischen Bünde je erlebt hat. Politischer und konfessioneller Hader entflammte die Wuth der Partheikämpfe im Innern, rief diplomatischer und bewaffneter Einmischung von Aussen, verwickelte den ohnmächtigen Staat in das gefährliche Spiel höfischer Intriguen und brachte Land und Volk zum Oefteren an den Rand des Verderbens. Spanische, französische und venetianische Emissärs warben um die Gunst der Bünde, um durch die kräftigen Arme ihrer kriegslustigen Mannschaft und die Offenhaltung des Durchpasses in dem rhätischen Heimat- und dem veltliner Unterthanenland den erstrebten Einfluss auf der italienischen Halbinsel zu behaupten. Der Zahl der Partheien im Volk kam in der Regel die der auswärtigen Abgeordneten bei dem rhätischen Freistaat gleich. In einer Zeit, da die kirchlichen Interessen wie in der ersten Hälfte des siebenzehnten Jahrhunderts, trotz bestehender Verträge unter den Parteien, auf's Neue in Frage gestellt wurden und erst durch Ströme vergossenen Blutes in Deutschland, Frankreich und der Schweiz die Bahn ruhiger Entwicklung einschlagen konnten, griffen auch Konfession und Politik stets in einander über. So musste es denn wohl kommen, dass der katholische und protestantische Theil der rhätischen Bevölkerung, bei gleich unvaterländischer Anlehnung an auswärtige Machthaber, nicht die gleiche Wahl trafen. Die meist durch den Bezug ausländischer Pensionen bestochenen Partheiführer hielten sich katholischer Seits an den spanisch-österreichischen und reformirten Theils an den französischen Hof, der auffallend genug alles religiösen Interesses bar, seit Franz I. im eigenen Reich gegen die kirchlichen Dissidenten mit Feuer und Schwert einschritt, im Ausland dagegen sich ihrer annahm. In den Zerwürfnissen der Partheistürme wurde der ordentliche Rechtsgang stille gestellt und das Volk sass selbst über die wirklichen oder angeblichen Widersacher seiner Interessen zu Gerichte, wobei der schwächere Theil nach den Schwankungen des Partheieinflusses an Gut, Freiheit und Leben unter der Ungunst der Verhältnisse büssen musste.

Es konnte nicht fehlen, dass ein Mann von dem Ansehen und der geistigen Begabung eines Freiherrn Thomas in jener aufgeregten Zeit eine bedeutende Rolle spielen musste und er that es in politischer und kirchlicher Hinsicht. So hatten siebenzig von dem Strafgericht zu Chur (1618) eingefangene Engadiner, worunter auch der Pfarrer Joh. Jak. Vulpius, der Fürsprache des Freiherrn bei dem Bundestag ihre Freilassung zu verdanken. Thomas hatte denn auch die Befriedigung, die beiden streitenden Partheien, wenn freilich nur vorübergehend, in seinem Schlosse auszusöhnen. Er blieb auch der kirchlichen Bewegung seiner Zeit nicht fremd und entschied sich auffallender Weise für die Reform. Thomas war ja nach streng katholischen Grundsätzen im elterlichen Hause erzogen und in einem Jesuitenkollegium im gleichen Geiste gebildet worden; er stand zu dem Wienerhof, der sich namentlich in jener Zeit die Ausrottung der kirchlichen Heterodoxie zur Aufgabe gestellt hatte, in den freundlichsten Beziehungen und wurde von demselben vielfach mit Gunstbezeugungen bedacht; so musste ihm auch die Pflege gleichartiger kirchlicher Interessen mit seinem kaiserlichen Gönner naheliegen. Im Jahre 1616 erfolgte das Gegentheil; Rector Thomas trat mit der Freiherrschaft zur Reform über. Dieser Uebertritt geschah aber leichtverständlich nicht plötzlich; er war bereits früher, namentlich durch die Wirksamkeit des freiherrlichen Schlosspredigers Pontisella*) angebahnt worden und fand erst Statt, als die Mehrheit der Herrschaftsleute dafür sich entschieden hatte. Den Ausschlag gab das öffentliche Auftreten des Dekans und Oberpfarrers von Chur, Georg Salutz, der auf Einladung des Freiherrn statt des bei der Messe funktionirenden Priesters eines Sonntags erschien und der Gemeinde in einer Predigt die Sache des Protestantismus lebhaft anempfahl. Allmählig wichen die Bilder aus der Kirche, das römische Ceremoniell wurde beseitigt und der Gottesdienst auf evangelischer Grundlage eingerichtet. Nicht ohne diktatorische Machtsprüche des Freiherrn, der die Mehrzahl der Untergebenen auf seiner Seite hatte, musste sich die Minderheit fügen und die neue Ordnung der Dinge auf kirchlichem Gebiete gefallen lassen. Ein Bäuerlein wünschte bei dem Sturmlauf der abtrünnigen Gemeinde gegen die Bilder, den Schutzheiligen der Herrschaft, Geryon, zu retten und bot dem Freiherrn in der Einfalt seines Herzens einen Zeitstier an, fand aber kein Gehör. Geryon, der dreiköpfige Riese der heidnischen Welt, einst seines Lebens und seiner stattlichen Herde durch Herkules beraubt, auf dem Mauerwerk der alten Kirche, an gleicher Stelle wo jetzt die neue steht, abgebildet, hatte sich in die christliche Aera hineingerettet und durch den Umschwung der Lebensanschauungen seine Wildheit abgelegt, zum Range eines Heiligen und zum Patron der Herrschaft Haldenstein aufgeworfen. Die Gemeinde trägt heute noch das Bildniss des heiligen „Jerion" in ihrem Wappen. Einige Jahre früher hatte sich Freiherr Thomas von Schauenstein mit dem französischen Gesandten Paschalis der Evangelischen in der Herrschaft Aspermont: Trimmis, Zizers und Untervatz, die nicht zum Gebrauch der Kirchen gelangen konnten und mitunter von

---

*) A Porta, Geschichte der Gemeinen Bündnerlande, p. 71.

der, in sturmbewegter Zeit, begreiflich aufgeregten Menge selbst
bei Abhaltung ihres Privatgottesdienstes beunruhigt wurden,
bestens angenommen. Durch einen schiedsrichterlichen Spruch
erhielten wenigstens die evangelischen Untervatzer freie Religionsübung.

Ausgezeichnet als Jurist, Staatsmann und Regent war Thomas
von Schauenstein ein unglücklicher Spekulant und schlechter Oeko-
nom. Im Jahre 1613 pachtete er sämmtliche Bergwerke im
Rheinwald, mit Ausnahme des Eisens, und zog ein paar Jahre
darauf auch die „an Silber, Kupfer und Blei reichen Gruben" bei
der Silberbrücke an sich, machte aber schlechte Geschäfte und
brachte damit ein Vermögen durch, das ihm nach Sprecher, pag.
267 u. 268, den Ruf des reichsten Mannes seiner Zeit in den
drei Bünden verschafft hatte und lud überdies der Freiherrschaft
eine Schuldenlast auf, welche in Verbindung mit der Ungunst
der Verhältnisse die ökonomische Zerrüttung und den Untergang
seines Geschlechtes herbeiführte. Den 20. April 1628 starb Freiherr Thomas im fünfundsechzigsten Jahre seines Alters. Durch
ihn waren die Edeln von Schauenstein in den Besitz der Herrschaft Haldenstein gelangt und hatten sie bis gegen Ende des
siebenzehnten Jahrhunderts inne. Mit einer Edeln von Hartmannis
vermählt, hinterliess er zwei Söhne: Julius Otto und Thomas.

Mit dem Ableben des Rector Thomas trat der erste urkundlich belegte Fall der Ueberlieferung der Freiherrschaft vom Vater
auf seine Leibeserben ein. Haldenstein hatte über ein Jahrhundert durch käufliche Abtretung seine Besitzer gewechselt; das
Successionsrecht ermangelte jeglicher festen Bestimmung; der verstorbene Freiherr hatte über die Nachfolge in der Herrschaft
ebensowenig eine Anordnung getroffen; wesshalb gerade hierüber
zwischen den beiden Brüdern ein heftiger Streit entstand, welcher
erst in den Jahren 1654 und 1656 auf schiedsrichterlichem Wege
seine Erledigung fand. Nach dem Vergleich, welchen acht dazu
bezeichnete Richter aus den drei Bünden, darunter die beiden
Stadtvögte Martin Clerig von Chur und Peter Enderlin von Maienfeld, Altlandammann Capräz zu Ilanz, zu Stande brachten, behielt
Julius Otto als der Aeltere unter den beiden Brüdern die bereits
bei dem Ableben des Vaters, trotz der Einsprachen seines Bruders, angetretene Herrschaft, die aber in der Folge zwischen den

Erstgeborenen beider Linien in männlicher Reihenfolge alterniren, somit nach Ableben Ottos auf seinen Bruder Thomas und, wenn dieser ihn nicht überlebt, auf dessen ältesten Sohn und von diesem auf Ottos ältesten Nachkommen und so fort übergehen sollte. Im Falle der Minderjährigkeit, d. h. vor dem erreichten achtzehnten Altersjahre, des designirten Freiherrn übernimmt der älteste Sprössling der anderen Linie die Vormundschaft und Regierung. Bei dem Erlöschen des Mannstammes einer Linie, geht die Nachfolge auf die andere über, wogegen die weibliche Descendenz mit Gulden 2500 abgefunden wird. Auf den möglichen Fall des Aussterbens der männlichen Nachkommenschaft in beiden Linien wurde keine Rücksicht genommen und damit argen Streitigkeiten für die Folge gerufen.

Dem regierenden Freiherrn fallen nebst dem Schlosse Haldenstein, gegen Verpflichtung, es in wohnlichem Zustande zu erhalten, sämmtliche Civil- und Criminalbussen und Confiskationen zu. Er wählt die Obrigkeit, bestimmt die Gerichtstage und bestellt den Pfarrherrn, ist aber gehalten, jährlich fünfzehn Kronen zu dessen Besoldung beizutragen, welche nach den in dem Abkommniss enthaltenen Angaben, noch Gulden 50, „so ihre Vorfahren seelig aufgemacht hatten und den Ertrag einer Auw, so die Bauern zur Pfrund geschlagen," jährlich abwarf. Der Genuss der Zinsen, Zehnten und anderweitiger Einkünfte und Rechte der Herrschaft mit dem väterlichen und mütterlichen Erbe wird beiden Linien zu gleichen Theilen zugesprochen. Auf den Münzen steht selbstverständlich, wie in anderer Potentaten Ländern, das Bildniss des hochvermögenden Freiherrn, während Gewinn und Verlust des Münzschlages beiden Theilen gemeinschaftlich zuerkannt werden.

Zwischen den beiden Brüdern traten als Frucht des getroffenen Abkommens wieder freundschaftliche Beziehungen ein; wesshalb Thomas kein Bedenken trug auf Gründung eines eigenen Hausstandes Verzicht zu leisten und mit Abtretung seines Antheils an der Herrschaft sich bei dem Freiherrn Julius Otto zu verpfründen. Das gute Einvernehmen war leider nur von kurzer Dauer; dem Freiherrnsitze waren nur Dornen, keine Blumen in jener Zeit beschieden.

Den Haldensteinerherrschaften hätte nicht blos das Recht, Münzen zu schlagen, sondern mehr noch die Goldmacherkunst in jener ohnehin drangvollen Zeit Noth gethan. Die Prachtliebe und missglückten Spekulationen des verstorbenen Freiherrn brachten seinen Söhnen bittere Früchte. In den Jahren 1646 und 1661 musste unter Mitwirkung der Bünde zwischen den Gläubigern und Erben des ehemaligen Freiherrn Thomas ein Einverständniss getroffen werden wegen Tilgung der auf der Herrschaft lastenden Schulden. Die Zahlung wurde aber dadurch nur verschoben aber nicht aufgehoben; die ökonomischen Verlegenheiten mussten namentlich auch durch die Nothstände der Zeit mit jedem Jahre anwachsen und in der Folge für die finanzielle Existenz des schauensteinischen Freiherrngeschlechtes geradezu verhängnissvoll werden. Das Steuerthema ist in löblicher rhätischer Residenz keineswegs neuesten Datums. Es hat schon vor ein paar hundert Jahren sogar hohe Herrschaften gegeben, die nicht recht dran wollten. Die beiden Söhne des Rectors Thomas fassten (1661) den Entschluss, ihr ererbtes Bürgerrecht in Chur aus freien Stücken aufzugeben, „weilen sie ohne einigen Nutzen zu ziehen, viel zu versteuern und zu schaffen hätten *)". So war es im Jahr 1662 schon so weit gekommen, dass Landammann und Rath der Landschaft Dissentis um unverweilte, nachträgliche Zahlung eines von einem Sequester im Jahre 1618 herrührenden Guthabens von Gulden 313. 52½ Kreuzer bei Freiherrn Julius mit der Drohung einkamen, man werde es, nicht entsprechenden Falles, „laut einhelligem Mehren mit „Wehr und Waffen abholen"; wesshalb sie den hohen Schuldner bei dem höchsten Gott bitten und ernstlich avisiren das grosse Unglück durch schleunigen Gehorsam abzuwenden.

Der gleiche Herr von Schauenstein-Haldenstein, gegen welchen das Hochgericht Dissentis so rücksichtslos vorging, war achtzehn Jahre früher bei dem oberen Bund in so hohen Ehren gestanden, dass er zum Stellvertreter desselben in dem Streit der übrigen Landestheile des Zehngerichtenbundes mit der Landschaft Davos,

---

*) Schon seit Jahrzehnten liegen sich Burger und Insassen der alten Reichsstadt Chur in den Haaren, weil jene das Sollen, diese das Haben zu ihrem Kampfgeschrei erheben.

wegen der Bundslandammannwahl, ernannt wurde. Jener Handel fand bekanntlich in dem Waser'schen Spruch seine Erledigung, wornach Davos nach wie vor den Vorrang im Bunde behalten und den Sitz der Bundesversammlung behaupten, aber immerhin mit der Prärogative von zwei Stimmen, auch die übrigen Gerichte der Reihe nach an der Wahl des Bundeshauptes participiren lassen sollte (21. Januar 1644). Hatte Julius Otto in jener Angelegenheit nach dem Beispiele seines Vaters die Rolle des Vermittlers zur Beseitigung der Wirren unter seinen Nachbaren übernommen, so treffen wir ihn sechs Jahre früher auf dem Schauplatz einer blutigen Unthat, welcher er nach den Andeutungen eines Zeitgenossen, des Verfassers der bündnerschen Zerwürfnisse in der ersten Hälfte des siebenzehnten Jahrhunderts, aller Wahrscheinlichkeit nach nicht fremd geblieben sein dürfte *). Wir meinen die Ermordung des bei Lebzeiten eben so maasslos gepriesenen als geschmähten ausserordentlichen Mannes und Partheiführers, Georg Jenatsch, (24. Jan. 1639). Bekanntlich hatte Frankreich, nach der dritten Invasion österreichischer Truppen in Bünden, bewaffnete Hülfe zur Wiedererlangung der italienischen Unterthanenlande zugesagt und den rhätischen Boden unter dem Herzog Rohan von den Eindringlingen gesäubert (1632). Doch die Einen waren gegangen und Andere gekommen. Die französische Hülfe war indess dem Lande theuer zu stehen gekommen; mit mehreren tausend Mann, die bündnerschen Soldtruppen inbegriffen, hielt Rohan nach der Weisung seines Hofes zwei volle Jahre, ohne zur Wiedereroberung des Veltlins Hand zu bieten, die Bünde besetzt und übte durch fortwährende Einquartirung einen so unerträglichen Druck auf die ohnehin arme und durch mehrjährige Kriegskontributionen ausgesogene Bevölkerung aus, dass der Bundestag unterm 10. Mai 1634 König Ludwig XII. die Erklärung zugehen liess, sich ausser Fall zu befinden, über den berührten Monat hinaus die Quartierlast zu bestreiten **). In jener ökonomischen Bedrängniss gemeiner Lande hatte Jenatsch im Hinblick auf die Schirmrechte der Bünde auch Haldenstein in Mitleidenschaft gezogen und den protestirenden Bewohnern mit Gewalt Einquartirung aufgedrungen,

---

*) In lat. Original, p. 388—390, bei Mohr, 2. Thl., p. 281.
**) Fortunat Sprecher, nach Mohr 2. Thl., p. 98.

wodurch er den Hass der Untergebenen und ihres ohnehin ihm verfeindeten Herrn zugezogen. Hatte ihn sein durch Partheileidenschaft überreizter Patriotismus in früherer Zeit (25. Febr. 1621) zur Theilnahme an einem Morde fortgerissen, so erwarb er sich an der Eroberung des Veltlins, mit Hülfe französischer Truppen (1635), an ihrem zwei Jahre darauf erfolgten gewaltsamen Abzuge und endlich an dem dritten Mailänderkapitulat (1639), wodurch die Unterthanenlande mit den Bünden auf's Neue vereinigt und diese selbst nach namenlosem Elend des Friedens wieder theilhaftig wurden, gewiss das bedeutendste Verdienst. Er sollte aber das durch ihn vergossene Blut des Pompejus Planta durch sein eigenes sühnen. ∗ Wie Sprecher erzählt, kamen die zwanzig, meist maskirten, Verschworenen, welche sich zur blutigen Scene bei dem Pastetenbäcker Lorenz Fausch „zum staubigen Hüttli" einfanden, von Haldenstein; der Castellan Rudolf Planta, des ermordeten Pompejus Sohn, und seine Gehülfen aus Haldenstein, deren zwei namhaft gemacht werden, versetzten Jenatsch durch einen Pistolenschuss, Hammerschläge und Axthiebe tödtliche Wunden. Julius Otto, Freiherr von Ehrenfels und Herr zu Haldenstein, den Jenatsch privatim beleidigt hatte, war anwesend.

Doch wenden wir uns von diesen blutigen Vorgängen zu einem nach herkömmlicher Anschauung friedlichen Bilde. Es war eine Eroberung, welche der Freiherr mitten unter den Lustbarkeiten einer Kaiserkrönung ohne Waffengeklirre und Kriegsgeschrei in den Gauen des heiligen römischen Reiches machte. Wir meinen seine Vermählung mit Maria Eleonora, Gräfin von Pappenheim. Unser Chronist ist aber über diesen Fang einer der hochgeborenen Töchter Germaniens nicht am besten zu sprechen. Statt klingenden Verstandes, was unserm gnädigen rhätischen Herrn vor Allem Noth that, brachte sie „eine närrische Einbildung" als Heirathsgut, statt häuslicher Thätigkeit, eine vornehme Grossthuerei im Bunde mit sträflicher Sorglosigkeit, welche dem Herrn Gemahl nicht geringe Verlegenheiten bereiteten und vollends dessen Bruder, der, weil die gnädige Frau oft noch um die Mittagszeit in den Federn lag, nichts zu nagen und zu beissen bekam, und nothgedrungen an der Wirthstafel suchen musste, was er im Schlosse vermisste, dahin brachte, dass er den Verpfründungsvertrag aufkündete und aus lauter Verzweiflung noch in seinen alten Tagen zu heirathen sich entschloss. So flog der bejahrte Mann auf Freiersfüssen nach einer Lebensgefährtin aus und kehrte wie billig in einem Schlosse, dem Sitze rhätischer Edeln, bei einer Wittwe und ihrer Tochter ein. Ihm gefiel das Fräulein, er aber nicht weniger der Mutter; das Alter trug den Sieg über die Jugend davon. Thomas von Schauenstein-Haldenstein und Margaretha von Salis-Grüsch, verwittwete Molina, wurden ein Ehepaar, das mit Elternfreuden beglückt ward, nach dem Ableben des Freiherrn Julius Otto (den 21. August 1666) als gnädige Herrschaften von der Bevölkerung von Haldenstein begrüsst und den 7. Sept. in Anwesenheit der Herren Bürgermeister Beeli von Belfort, Ambrosius Planta, Baumeister Thomas Saxer und Luzius Heine von Chur die Huldigung seiner Untergebenen entgegen nahm, aber schon vor Jahresfrist das freiherrliche Scepter auf den unerbittlichen Ruf des Todes niederlegen musste.

Die beiden Erben des Rectors Thomas von Schauenstein waren mit Tod abgegangen. Den Freiherrn Julius Otto hatten nebst Töchtern zwei Söhne, Georg Philipp und Julius Otto, überlebt; Freiherr Thomas hatte einen Sohn gleichen Namens hinterlassen. Für Haldenstein folgten nun mehrere Jahre argen Zwiespaltes und stets wachsender Zerrüttung: die Unterthanen führen laute Klagen gegen ihre Oberen, diese hadern mit ihren Gläubigern, deren gerechte Forderungen vor den freiherrlichen Machtsprüchen verstummen sollen und unter einander, weil Jeder „der gnädige Herr", keiner der gehorsame Diener in der Duodezmonarchie am Galanda sein will. Darum Stoff vollauf zu Bitterkeit und Misere innert und ausser den Mauern. Wir treffen in dem kleinsten der kleinen Höfe des europäischen Continents in verjüngtem Maassstab das Intriguenspiel der grossen, freilich mit dem Unterschiede, dass die Unbilden der Grossen in ihrer Macht Straflosigkeit, ihre Prätensionen in ihren Mitteln Erfüllung und selbst missglückte Ausschreitungen in der Furcht vor ihrer Allgewalt schonende Beurtheilung finden; während die Kleinen meist hochfliegende Ansprüche bei offenkundiger Ohnmacht, grossfürstlichen Prunk bei winzigen Einkünften, maasslose Selbstüberschätzung bei kleinlichem Sinn zur Schau tragen und dadurch ihre moralische und ökonomische Stellung verderben. Dieses Urtheil findet auf das Freiherrngeschlecht zu Haldenstein in jener Zeit eine nur zu schlagende

Anwendung. Die Gemeinde Haldenstein beschwerte sich, dass der gnädige Herr den Pfrundgehalt einziehe, aber seinen Verpflichtungen gegen den Pfarrherrn nicht nachkomme und fand kein Gehör; die Gläubiger des Rector Thomas wollten nicht an die Entscheide des Gerichtes in Haldenstein kommen, weil der Freiherr es besetzte und in demselben den Vorsitz führte, erhielten aber weder Recht noch Zahlung; die Julius Otton'sche und Thomas'sche Linie machten einander die Herrschaft streitig, jene mit Berufung auf den Theilungsvertrag vom Jahre 1654, diese auf die Uebernahme der Hälfte der Schuldenlast gestützt, welcher auch ein gleicher Antheil an den Rechten entsprechen müsse. Die Unterthanen klagten, „dass sie wegen ihrer Herren Streitigkeiten eine geraume Zeit ohne Gericht und Recht gewesen und sei es also, dass Alles verwildere und die Jugend ohne Erkenntniss einiger Obrigkeit auferzogen werde" und wünschten, „dass ihrer Herren Widerwärtigkeiten geschlichtet würden, damit sie zu Gericht, Recht und Obrigkeit kommen möchten." Es fehlte „den Gnädigen" mehr noch am guten Willen, als an den nöthigen Mitteln um den gerechtesten Klagen von sich aus Abhülfe zu schaffen; so mussten sie sich, was Rechtens war, zu nicht geringer Benachtheiligung ihres Ansehens, von ihren bündnerschen Schirmherren vorschreiben und zu Dingen zwingen lassen, welche sie aus freien Stücken hätten thun sollen. Der Bundestag verordnete, dass dem Ortsgeistlichen sein Gehalt pünktlich entrichtet, den Creditoren der Herrschaft ein unpartheiisches Gericht zur Untersuchung ihrer Forderungen bewilligt, den Untergebenen eine geordnete Rechtspflege verschafft werden müsse, schritt gegen die maasslose Verschwendung der gnädigen Obern ein und sprach in Aufrechthaltung des angezogenen Vergleichs die Freiherrnwürde dem ältesten Sohne des Julius Otto, Georg Philipp, zu, der dann auch den 29. Juni 1671 in Befolgung der herkömmlichen Gebräuche die Regierung antrat*).

Georg Philipp stand, die Zeit der Regierungszerwürfnisse mit eingerechnet, über dreissig Jahre an der Spitze der Freiherrschaft; dessenungeachtet bietet sein öffentliches Auftreten des Bemerkenswerthen wenig, des Erfreulichen nichts dar; es verräth den lächer-

---

*) Protokolle der drei Bünde 1670, p. 37 u. 38.

lichen Uebermuth eines ohnmächtigen Tyrannen und den kleinlichen Sinn eines Mäklers. Während seine Vorfahren wiederholt in den Gang der politischen und kirchlichen Angelegenheiten der benachbarten Schutzorte bestimmend eingriffen und eine geschätzte Vermittlerrolle spielten, kam Georg Philipp über den engen Kreis seiner nächsten materiellen Interessen nicht hinaus. Die Jahre vor seiner Einsetzung durch die Bünde verliefen in Streitigkeiten mit seinen Gläubigern, seinen Unterthanen und den um die Herrschaft konkurrirenden Anverwandten; Reibungen mit dessen Wittwe und Tochter bezeichnen seine nachfolgende Regierungszeit. Fusste der Freiherr in seinem Zwiespalt mit Thomas dem II. auf dem Boden vertragsmässigen Rechtes, so that er nach dessen Tode im Jahr 1681, wodurch der Mannesstamm der thomasischen Linie der Schauenstein-Haldenstein erlosch, dasselbe, was er jenem Schuld gegeben hatte. Er stritt die in der Abkommniss vom Jahr 1654 zu Gunsten der weiblichen Descendenten festgesetzte Ausrüstung von Gulden 2500 der Tochter des Verstorbenen ab und that es mit einer Entschlossenheit und Ausdauer, die, so verwerflich sie erscheinen, um so weniger unerwähnt bleiben dürfen, als er wiederholten Urtheilen und Exekutionsandrohungen der bündnerschen Bundesbehörden und sogar den Räthen und Gemeinden zum Hohne bis zu seinem Tode bei der Rechtsverletzung beharrte. Die Tochter des Thomas und der Margaretha Katharina v. Salis-Grüsch kam, so lange ihr Oheim lebte, nie zu ihrem Rechte. Die Wittwe rief die rhätischen Schutzorte an, was eine mehrjährige höchst gereizte Correspondenz zwischen dem Bundestag und dem Freiherrn hervorrief, der fortfuhr keiner Citazion Folge zu leisten, auf seine unumschränkte Freiherrlichkeit und die kaiserliche Schirmpflicht pochte und seine Nichte mit leeren Händen ausgehen liess. Es dürfte nicht ohne Interesse sein, den Verlauf dieser Angelegenheit mit einigen flüchtigen Zügen darzulegen. Der Freiherr wurde bald nach dem Tode des Thomas zur Verantwortung über die gegen ihn erhobene Klage vor den Beitag geladen und erschien nicht. Kurz nachher ernennt der Bundestag zu Chur ein unpartheiisches Gericht zur Erledigung jener Angelegenheit, das den hohen Beklagten mit dem Beifügen vorladet: „Er erscheine oder nit, gebe Antwort oder nit, werd nichts desto weniger die klagende Parth angehört und nach gutfindender Bewandnuss ein

Urtheil geben werden." Georg Philipp findet sich nie ein. Den 22. April 1686 erfolgte ein Contumazialurtheil. Nachdem dem vorhandenen herkömmlichen Brauch gemäss „uff dem Rathhuss öffentlich ussgeruft worden, ob Jemand anwäsend, der im Namen des vil wolermelten Herrn Baronen G. Philipp solche Klage beantworten, ist mit Urtheil und Recht in contumaciam erkehnt", dass der Freiher kraft Vertrag vom 19. Nov. 1654 fl. 2500 sammt Zinsen für Loskauf der Regalien von der weiblichen Linie zu leisten, und Alple, Mühle, Wald zu ungehinderter Benutzung von Seite der Wittwe und ihrer Tochter auszuliefern habe." Der Vorgeladene kehrt sich nicht daran. Der Bundestag zu Davos fand mit seiner Vorladung im August 1686 ebensowenig Gehör. Die hohe Behörde berief sich auf die, kraft der Abkommnisse von 1558 und 1568, den Schutzorten zustehenden Befugniss durch Aufstellung eines unpartheiischen Gerichtes Streitigkeiten zwischen dem Freiherrn und Bundsleuten zu entscheiden, bestätigte das berührte Contumazurtheil und forderte Vogt und Gemeinde Haldenstein auf, den geschehenen Spruch zu vollziehen, widrigenfalls man mit Waffengewalt einschreiten werde. Die geforderte Exekution unterblieb. Erst den 11. Jan. 1687 liess sich endlich G. Philipp herbei seinen Hochgeachten, Wohledlen, Wohlweisen, Frommen, Gestrengen, Fürsichtigen, Sonderhochgeehrten Nachparren daran zu erinnern, dass die absolute Herrschaft von jeder andern Jurisdiction frei und ledig und im Besitz aller hohen und niedern Gerichtsbarkeit sei; er erklärt jede Einmischung in die Rechtspflege als eine Verletzung Kaiserl. Majestät, der Herrschaft Protector und Gönner, legt den Bünden die Pflicht auf, den Freiherrn zu Haldenstein gegen aufrührerische Unterthanen zu beschirmen, gesteht ihnen aber keine oberhochheitlichen Befugnisse zu, beschuldigt den Bundestag in Hinweisung auf seine letzte Verfügung der Aufreizung des Vogtes und der Gemeinde zu Haldenstein zu eidbrüchiger Gewaltthätigkeit gegen ihren rechtmässigen, unumschränkten Herrn, tröstet sich in Gewärtigung allfälliger Zwangsmassregeln mit dem Vertrauen auf Kaiserl. Majestät, die den Gerechten nicht im Stiche lassen würde, und sendet dem Bundestag den Schutzbrief zurück.

Diese unerwartete Sprache der Energie und Rücksichtslosigkeit, verbunden mit der Androhung Kaiserl. Ungnade im Hintergrund, verfehlte auf den Bundestag ihre beschwichtigende Wirkung nicht. Er befasste sich den 15. Sept. 1687 auf's Neue mit diesen Angelegenheiten und bestätigte zwar auf das Drängen der Familie Salis-Grüsch das mehrerwähnte Urtheil mit wiederholter Androhung der Exekution auf Neujahr 1688. Ein zur „Vermeidung von Händeln, Weitläufigkeiten und Ungelegenheiten" von verschiedenen „Weisheiten" auf Anordnung des Bundestags gemachter Versuch zu gütlicher Ausgleichung scheiterte ebenfalls an dem Starrsinn des Freiherrn; zur Ausführung des Urtheils kam es auch dann nicht.

Wahrscheinlich im Unmuth über die bewiesene Schwäche nahmen Gemeine Lande auf eingegangene Klagen über Geldsorten zu geringen Gehalts in der Münzstätte zu Haldenstein einen Anlauf zu energischem Einschreiten, mit der Drohung: „Wenn der Herr zu Haldenstein in dem Geld Tax nicht korrespondiren würde, solle sein Geld verbandisirt und konfiszirt werden" (1787).

In den Jahren 1692 und 1695 starben die beiden Brüder Julius Otto und Freiherr Georg Philipp und mit ihnen sank auch die andere Linie der männlichen Nachkommen des Rectors Thomas von Schauenstein-Haldenstein ins Grab.

Freiherr Georg Philipp war mit seinem Bruder ledigen Standes gewesen und hatte eine einzige Schwester, Regina Maria, verwittwete Hartmannis mit ihren Kindern hinterlassen. Diese Wittwe und Maria Flandrina, eine Tochter Thomas II., waren nach dem Absterben des Mannstammes die einzigen weiblichen Descendenten des freiherrlichen Hauses Schauenstein zu Haldenstein.

Die Zeit war in der That wenig dazu angethan, ausschweifende Herrschergelüste im Sinne des letztverstorbenen Freiherrn zu befriedigen. In der rhätischen Umgebung wie in der eidgenössischen Nachbarschaft des Dorfmonarchen am Rhein hatte sich namentlich nach dem dreissigjährigen Kriege und infolge der während jener Periode des Schreckens durchlebten Kämpfe und Leiden, besonders in den niedern Klassen des Volkes, ein heisses Verlangen nach bürgerlicher Selbstständigkeit und vieler Orten auch der Geist gewaltsamer Auflehnung gegen die drückenden Fesseln des Feudalwesens kund gethan. Im Jahre 1649 hatten die Landschaften Churwalden und Davos mit Prättigau für die Summen von Gulden 75,000 und 1652 das Thal Schalfick für 20,000, das Unterengadin, mit Ausnahme von Tarasp, für 26,000 Gulden die Herrschaftsrechte des Hauses Oesterreich in den betreffenden Gerichten abgelöst und ihre Unabhängigkeit errungen. Das Strafgericht zu Chur (1660) schritt gegen die unordentliche Verwaltung öffentlicher Gelder ein; die neue Landesreform vom Jahre 1648 suchte die Souveränität der Räthe und Gemeinden gegen die Uebergriffe der Bundeshäupter und Boten an den Bundes- und Beitagen -in allen Staatsangelegenheiten höheren Belanges sicher zu stellen und der Malanserspruch (1700) beschränkte die bevorzugte Stellung des Stadtrathes von Chur als ausschreibender Behörde in Bundessachen. Klagen über vielfachen Druck, lästige Abgaben und willkürliches Regiment hatten in der Eidgenossenschaft die Entstehung eines Volksbundes gegen Patriziat und städtische Bevormundung zur Folge und führten in Luzern und Bern, Solothurn und Basel zu dem grossen Bauernaufruhr vom Jahre 1653, der freilich in den blutigen Kämpfen zu Wohlenschwyl und Herzogenbuchsee einen für die Aufständischen unglücklichen Ausgang fand.

Die Herrschaft Haldenstein konnte sich doch unmöglich gegen die Freiheitsbestrebungen ihrer Umgebung in Bünden und der Schweiz verschliessen; sie mussten auch in der Bevölkerung des einsamen Dorfes jenseits des Rheins das Bewusstsein ihrer drückenden Ausnahmsstellung gegenüber ihren Nachbaren wachrufen und die Sehnsucht nach besseren bürgerlichen Zuständen mächtig anfachen. Die Klagen, welche die Unterthanen wiederholt gegen die Unbilden der letzten Regierung bei dem Bundestag erhoben hatten, zeigten zur Genüge, dass sie eben nicht mehr gewillt waren, sich jede Ungebührlichkeit von Seite des gnädigen Obern gefallen zu lassen. Die mehrjährigen Wirren, welche nach dem Erlöschen des Geschlechtes von Schauenstein wegen Besetzung des Freiherrnsitzes in Haldenstein entstanden, konnten den Freiheitsdrang der Bevölkerung nur begünstigen.

Die Zeit des Interregnums.

Wie das heilige römische Reich deutscher Nation, so hat auch die rhätische Monarchie am Galandagebirg ein Interregnum gehabt, dort gleichsam vorbildlich schon im dreizehnten, als späteres Nachbild hier, erst zu Ende des siebenzehnten Jahrhunderts, dort in dem grösseren Maassstab von zwanzig, hier in geringerer Dauer von sechs Jahren, dort als die böse Frucht eines destruktiven Prinzipienkampfes zwischen der kirchlichen und weltlichen Gewalt, als Folge einer kleinlichen Familienintrigue hier, dort ein Männerstreit um die Herrschaft über das Abendland, hier ein klägliches Weibergezänk um ein Vampyrregiment über die Handvoll Bauern einer abgelegenen Landgemeinde. Während des sechsjährigen Interregnums waren es des jüngstverstorbenen Freiherrn Schwester Regina Maria, verwittwete Hartmannis, und ihre Nichte Flandrina von Schauenstein, die sich um die Herrschaft stritten. Diese war namentlich auf Seite der älteren ottonischen Linie, welche die Wittwe Hartmannis vertrat, stark verschuldet. Der Regina Maria und ihres Mannes Vermögen gingen sammt dem Erbtheil ihres Bruders grossen Theils darauf, um dessen persönliche Schulden zu decken. Dessenungeachtet wies sie ein Anerbieten von Gulden zehntausend zur Verzichtleistung auf ihre Herrschaftsrechte entschieden von der Hand. Im Jahr 1698 hatte sich Maria Flandrina von Schauenstein mit Luzius von Salis-Maienfeld vermählt und schloss den 6. Mai 1699 im Einverständniss mit ihrem Gatten und ihrer Mutter, um die Stimmung der Herrschaftsleute für sich zu gewinnen, mit Vogt und Gemeinde Haldenstein einen Vertrag, infolge dessen auf den Fall, dass die Herrschaft ihnen zufiele, den Leibeigenen die Freiheit, den anderen Untergebenen Erleichterung ihrer Lasten und Allen ein mildes Regiment; von Seite der Unterthanen, der Herrschaft Treue und Anhänglichkeit verheissen wurden.

Dagegen erhob Regina Maria Hartmannis, die nach dem bald erfolgten Tode ihres Mannes sich in Haldenstein niedergelassen hatte, entschiedene Einrede und sprach, mit Ausschliessung der jüngeren Linie, die ganze Herrschaft für sich an. Dieser Streit wurde von den Herren Landn. Dietrich Jäcklin von Realta, Commissär Paul Sprecher von Bernegg, Dr. Joh. Bavier und Rathsherrn Hartmann Planta-Wildenberg den 24. März 1701 auf Grundlage des Vertrags vom Jahre 1654 durch Compromiss dahin entschieden, dass die beiden Ansprecher mit dem Prioritätsrecht der älteren und der Verzichtleistung der jüngeren Linie auf die übliche Vergutung der Gulden 2500 die Herrschaft abwechselnd übernehmen und die daherrührenden Einkünfte mit einander theilen

sollten. Die Diplome, Dokumente, Briefe sollten gesammelt, in
einen Kasten gelegt und jeder Part ein Schlüssel zur Benutzung
derselben behändigt werden. Frau Hartmannis hat indess diesen
Spruch nie anerkannt, darum auch die Regierung, womit sie den
Anfang hätte machen sollen, nie angetreten und ist sogar mit
Verzichtleistung auf ihren Antheil an den Einkünften in Dürftigkeit gestorben. Mit dem Compromiss vom Jahr 1701 hörten aber
die Reibungen wegen der Herrschaft Haldenstein noch nicht auf.
Die Freifrau Regina von Hartmannis hatte ihre Herrschaftsrechte
dem Hauptmann Johann von Schauenstein-Reichenau abgetreten,
der den 2. April 1705 den Haldensteinern hiervon Anzeige zugehen liess, und darauf gestützt, die Huldigung von ihnen verlangte. Vogt und Gemeinde Haldenstein hielten sich aber an die,
ohne ihre Zustimmung zu Gunsten des Hauses Schauenstein-Reichenau von der Wittwe Hartmannis getroffene Verfügung
nicht gebunden und legten, wie sie sich in dem gelehrten Styl
ihrer Zeit ausdrückten, den 28. April gleichen Jahres „gegen ein
solchen uns sehr bedenklichen Actum solemnissime de nullitate
in fester Form rechtens" Verwahrung ein, wiesen auf gemeine
Lande als einzig kompetente Instanz in dieser Angelegenheit hin
und thaten ihren „einhelligen" Entschluss kund, bei ihrem damaligen Herrn, Luzius von Salis, bleiben und mit ihm leben und
sterben zu wollen. Mit dem Sterben hatte es indess keine
Noth; so halsbrecherisch war das Beginnen der guten Haldensteiner,
wie der Ausgang der Sache bewies, keineswegs. Auf Verlangen
der klagenden Part setzten die Bünde ein unpartheysches Gericht
aus den angesehensten Männern des Landes: dem Bürgermeister
von Chur und Präsidenten des Gotteshausbundes Otto Schwarz,
Landn. Florin Castelberg von Dissentis, Bundslandn. Andr. Jenatsch
von Davos, Vikari Wolfgang Planta von Samaden, nieder, welches
im Jahr 1707 den 16. April in Chur zusammentrat und in Festhaltung der weiblichen Erbfolge, laut Abkommniss vom Jahr 1654,
den Beschluss von 1701 bestätigte; wogegen der Kläger die weiblichen Descendenten infolge bestehender Familienpacte von der
Regierung ausgeschlossen und nach Erlöschen des Mannsstammes
der Haldensteiner den Heimfall ihrer Herrschaft an die Reichenauerlinie des Geschlechtes Schauenstein vollzogen wissen wollte. Die
Parten Schauenstein und Salis hatten sich nach der Sitte der

Zeit mit zahlreichem Gefolge ihrer Verwandten und Freunde eingefunden und die beiderseitige Stimmung scheint eine so gereizte gewesen zu sein, dass das Gericht für nöthig fand den Landfrieden „bei Ehr und Eyd" einzuschärfen, alle Ausforderungen wie deren Annahme zu verbieten und Ausforderer und Cartelträger mit der gesetzlichen Strafe des Friedensbruches zu bedrohen. Baron von Schauenstein rief in letzter Instanz die Räthe und Gemeinden gegen den Entscheid des Gerichtes der drei Bünde an, wurde aber laut Protokoll der drei Bünde vom 28. Mai 1707, mit Ausnahme einer einzigen Stimme, auch von diesen mit seinen Forderungen abgewiesen.

Infolge dieser wiederholten gerichtlichen Niederlagen und Abweisungen zerschlug sich auch eine Heirath zwischen Hauptmann Johann von Schauenstein und Maria Elisabeth, Tochter der Freifrau von Hartmannis. Sie hatte sich ohne Wissen und Willen ihrer Mutter mit dem Baron von Schauenstein verlobt und ihm die Diplome und Schriften ihrer Familie bereits ausgeliefert. Da aber der Verlobung wegen der vereitelten Hoffnungen auf die Herrschaft von Haldenstein keine Folge gegeben wurde, so begab sich Maria Elisabeth Hartmannis mit allen ihren Dokumenten nach Augsburg, wo sie dieselben angeblich dem Rath gegen eine unbedeutende Geldsumme abtrat und, wie früher ihre Mutter, in dürftigen Umständen ihr Leben beschloss. Baron Rudolf von Salis, der Verfasser der Chronik von Haldenstein, versichert, er habe im Jahre 1771 über den berührten Schriftenraub in Augsburg Nachfrage halten lassen, aber ohne den gewünschten Erfolg, und sich nur ein Verzeichniss der abhanden gekommenen Schriften, aber nicht diese selbst, zu verschaffen vermocht.

So lautet der Bericht der Haldensteiner-Chronik, gegen den schon bei flüchtiger Ansicht gegründete Bedenken sich geltend machen. Mochten auch jene Schriften für die Herrschaft Haldenstein wichtig sein, so muss doch der Werth derselben für eine auswärtige Behörde mindestens zweifelhaft erscheinen. Was konnte den Stadtrath von Augsburg bestimmen sie anzukaufen? Hatte die Behörde von der Entwendung jener Dokumente Kunde erhalten, was konnte sie abhalten, dieselben an ihren rechtmässigen Eigenthümer verabfolgen zu lassen?

Folgendes ist der beglaubigte Sachverhalt: Laut einem in aller Form legalisirten Protokollauszug des Senats zu Augsburg vom 22. Febr. 1772, vorfindlich in dem herrschaftlichen Archiv zu Haldenstein, hatte „die Rössliwirthin" Juditha Amberger in Augsburg an Fräulein Elisabeth von Hartmannis-Haldenstein, die Allem nach bei ihr logirte, einen Betrag von Gulden fünfhundert zugut und liess auf die Schriften der hohen Schuldnerin Sequester legen und dieselben bei dem Bürgermeisteramt in Augsburg deponiren. Im Namen der gräflichen Familie von Pappenheim, welche durch die Vermählung einer Tochter aus diesem Hause mit Freiherrn Julius Otto in näheren Beziehungen zu den ehemaligen schauensteinischen Besitzern der Herrschaft stand, hatte Johann Schaden, als Beauftragter, vor mehreren Zeugen, die das Protokoll namhaft macht, der Gläubigerin berührtes Guthaben im Jahre 1721 den 10. Dezember entrichtet und die versetzten Schriften von dem damaligen Bürgermeister Ignatz Wanner erhalten. Im Hinblick auf diesen amtlichen Ausweis liesse sich der wohl nicht zu gewagte Schluss ziehen, dass die angeführten Dokumente von Haldensteinerseite nicht ausgelöst wurden und deshalb in den Besitz der Familie Pappenheim übergiengen, welche durch den theuren Schriftenhandel wenig erbaut worden sein dürfte.

Nach dem in der Chronik der Herrschaft Haldenstein aufgeführten Verzeichniss befanden sich unter den verschleppten Schriften fünfunddreissig Documente auf Pergament, eine Anzahl Briefe auf Papier und ein Gültbuch. Die Schriftstücke sind vom 14., 15. und 16. Jahrhundert datirt, beschlagen Lehenzinse, Zehnden, Herrschaftsrechte, Unterthanenverhältnisse, und dürften für die Spezialgeschichte der Herrschaft Haldenstein manchen werthvollen Aufschluss enthalten. Den vereitelten Versuchen des Hauptmann Johann Schauenstein-reichenauischer Linie, in den Besitz der Herrschaft Haldenstein zu gelangen und der von seiner Verlobten, Elisabeth von Hartmannis, begangene Schriftenraub waren die letzten Auswüchse des Interregnums.

Der Streit wegen der Regierung hatte indess für die Unterthanen die besten Folgen; er sprengte auf immer die unwürdigste Fessel der Feudalverfassung und eröffnete für die Geschichte der Freiherrschaft eine neue Periode.

Von der Aufhebung der Leibeigenschaft bis zur Beseitigung des Freiherrnregiments durch die französische Revolution und der bleibenden Einverleibung Haldensteins in den Staatsverband gemeiner Lande. 1701—1814.

Johann Luzius v. Salis hatte schon den 10. Nov. 1701, Namens seiner Gattin Flandrina, geb. Schauenstein, die Huldigung in der Herrschaft entgegengenommen und laut Abkommniss vom Jahr 1699 den Leibeigenen die Freiheit und den andern Unterthanen manche Gnaden erwiesen. Die Huldigungsacte ist vom 31. Oct. 1701 datirt und kam unter Mitwirkung der Herren Hauptmann und Stadtvogt Otto Schwarz und der beiden Oberzunftmeister Joh. Anton Tenz und Johann Bavier von Chur zu Stande. Sie enthält im Wesentlichen folgende Bestimmungen:

1. Erklärt der Freiherr „für sich und seine Nachkommen in alle Zukunft, bei der heiligen jetzigen Religionsübung verbleiben, seine Untergebenen best seines Vermögens bei derselben beschützen und schirmen und die Herrschaft Haldenstein unter keinem Schein noch Prätext, weder directe noch indirecte, wie es Namen haben möchte, Niemand von widriger oder anderer Religion weder verkaufen, vertauschen noch in anderweg weggeben zu wollen."

2. Erklärt der neue Freiherr „für seinen, resp. Ihro Gnaden seiner Gemahlin, Antheil an der Herrschaft, alle Eigenleuthe auf ewige Zeiten von der Leibeigenschaft und der damit verbundenen Verpflichtungen und Beschwerden „allerdings und gentzlichen quit, ledig und loss und sollen fürder von Niemand dafür angesucht und in einigerley weiiss und gestalt molestirt werden."

3. Leistet der antretende Herr gegenüber allen Gemeindsgenossen, „so nicht leibeigen sind", auf alle seit dem Tod des letzten regierenden Herrn bis 1701 „aufgeloffenen und ausstehenden: als Zinsen, Zehnden, Baw — Dünger — oder anders, wie das Namen haben mag" Verzicht und macht sich anheischig, die diesfälligen Ausstände der Leibeigenen an die Pfrund, „damit sie einen eigenen Geistlichen haben mögen", zu vergeben und „zur Aufrichtung einer Schule" zu verwenden und im Falle des Erlasses, aus eigenen Mitteln Gulden 3000 zu dem gleichen Zwecke beizusteuern.

4. Da der der Freifrau Regina Maria Hartmannis zugefallene Antheil an der Herrschaft stark verschuldet, die Gläubiger obrigkeitlich an die Einkünfte desselben gewiesen waren und „den Unterthanen" wegen der von Freiherrn v. Salis erlassenen Leistungen „hätten lästig werden können", verspricht er ihnen seinen Schutz und im Nothfall, unter Regress an die Erbin, Schadloshaltung, worauf denn die Huldigung in aller Form erfolgte.

Freiherr von Salis-Maienfeld, der sich auch sonst als edel und menschenfreundlich erwies, muss als der grösste Wohlthäter der Herrschaft angesehen werden. Er ist es wohl werth, dass die Nachkommen der ehemaligen Herrschaftsleute seinen Namen für alle Zeiten in dankbarem Andenken bewahren. Den 10. Januar 1719 starb seine Schwiegermutter Margaretha Katharina von Schauenstein und wurde nach herkömmlicher Sitte von Mitgliedern des Churer Stadtrathes in's Grab gesenkt. Im Jahr 1722 den 8. Juli folgte ihr Freiherr Luzius v. Salis in seinem fünfzigsten Altersjahre, infolge eines Blutsturzes, in die Ewigkeit. Bei diesem Anlasse hielt Bürgermeister Tscharner von Chur, wie der Chronist berichtet, „eine bewegliche Rede".

Freiherr Luzius von Salis-Maienfeld hinterliess zwei Söhne und vier Töchter. Der Erstgeborene, Gubert, folgte seinem Vater in der Freiherrnwürde. Die Instalazionsrede hielt Bürgermeister Bavier und die Huldigungspredigt Pfarrer Furni von Chur. Die Hälfte der Freiherrschaft mit den derselben zuständigen „Vorrechten, freiherrlichen Hoheiten, Rechtsamen, Regalien" etc. waren infolge eines Vertrags mit seiner Mutter Flandrina, geb. von Schauenstein, auf Freiherrn Gubert für die Summe von fl. 8000 an baar oder der entsprechenden Uebernahme herrschaftlicher Schulden übergegangen, deren Last auch unter der letzten Regierung in bedenklicher Weise angewachsen war. Die Hälfte des Schlosses nebst Stallung, Garten etc. mit Vorbehalt einer „anständigen Wohnung für die Freifrau Wittwe" wurde auf Gulden 4000 und die Hälfte des der Herrschaft angehörigen Trisnerlehens auf Gulden 2500 angeschlagen, wonach die ganze Herrschaft in jener Zeit auf Gulden 29,000 gewerthet worden wäre. Im Jahr 1729 kaufte Gubert von Salis von den Gläubigern der Töchter des verstorbenen Joh. Rudolf von Hartmannis auch die andere Hälfte des Edelsitzes an sich, und gelangte so in den Besitz der ganzen Freiherrschaft Haldenstein. Den 14. November gleichen Jahres erfolgte die Huldigung der Bevölkerung auch für diesen Theil der Herrschaft und zwar um so freudiger, als der neue Freiherr alle von seinem Vater den Unterthanen gewährten Rechte und Freiheiten bestätigte und sämmtliche seit dem Interregnum rückständigen Zehnten und Zinsen in der Hoffnung erliess, „sie würden zu künftiger richtiger Abführung ihrer Schuldigkeit väterlich angefrischt und eingeladen werden."

Der verstorbene Freiherr Luzius von Salis hatte für die Erziehung und Bildung seines Erstgeborenen kein Opfer gescheut. Gubert von Salis hatte zu Breda in den Niederlanden studirt, eine Reise durch Frankreich gemacht und war von der Pracht am königlichen Hofe nicht wenig angezogen worden. Er wünschte sich einen schönen Sitz und liess das Schloss im Jahr 1731 mit dem für jene Zeit sehr bedeutenden Aufwand von Gulden 60,000 in französischem Style erweitern und nach den damaligen Begriffen auf's Eleganteste ausstatten. Durch die Unvorsichtigkeit der Arbeiter brannte aber der Neubau, gleich nach seiner Vollendung, beinahe ganz ab, ein Unfall, welcher wenig geeignet war, den ohnehin erschütterten ökonomischen Credit der Herrschaft zu heben.

Während der Regierung des Freiherrn Gubert stossen wir auf arge Zerwürfnisse mit der Reichenauerlinie des Hauses Schauenstein und den drei Bünden, wegen Ausübung des Münzrechtes, und auf Reibungen mit den Unterthanen, wegen ihrer Uebergriffe in die herrschaftlichen Rechte. Schon Hauptmann Johann von Schauenstein-Reichenau hatte durch seine einflussreichen Verbindungen am Wienerhof das Münzrecht für sein Geschlecht von Kaiser Joseph I. unter dem Vorgeben zu erschleichen gewusst, dass dasselbe als persönliches Privilegium nach dem Aussterben des Mannsstammes in Haldenstein auf die Reichenauerlinie überzugehen habe. Damit gedachte er durch Schmälerung eines damals dem Luzius v. Salis-Maienfeld als Besitzer der Freiherrschaft ausschliesslich zustehenden kaiserlichen Rechtes, wegen Vereitelung seiner Bestrebungen nach der Freiherrnwürde, sich zu rächen. Der Münzstreit brach indess erst unter dem Nachfolger des mehrerwähnten Gegners aus.

Baron Rudolf zu Reichenau richtete kraft der kaiserlichen Verleihung eine Münzstätte ein, setzte diese zu nicht geringer Beeinträchtigung des älteren Unternehmens zu Haldenstein in Thätigkeit und liess ohne ausdrückliche Bewilligung auch Bündnermünzen prägen, indem er die seiner Zeit dem Freiherrn Thomas von dem Reich und der rhätischen Republik zugestandenen Privilegien für sich allein in Anspruch nahm. Es gab damals ausser den beiden oben berührten auch noch eine in der Stadt und eine andere auf Hof-Chur, somit nicht weniger als vier Münzstätten auf dem Gebiete gemeiner Lande. Dem Bischof von Chur stand in seiner Eigenschaft als Reichsfürsten das sogenannte jus monetandi — Münzrecht — zu. Chur hatte es der Gunst Kaiser Friedrichs III. zu verdanken, der sich auch anderweitig der alten Reichsstadt in Rhätien mit väterlichem Wohlwollen annahm. Die beiden ersterwähnten Münzstätten lagen wegen Ausübung eines von kaiserlicher Gunst herrührenden Regals in Streit. Freiherr Gubert befand sich in der berührten Angelegenheit gegenüber dem Herrn von Schauenstein offenbar im Recht. Das Kaiserl. Münzprivilegium zu Handen des Rectors Thomas hatte ihm als Inhaber der beiden Edelsitze Hohentrins und Haldenstein nebst seinen Erben und Erbeserben und allen rechtmässigen Besitzern beider Herrschaften gegolten. Mit dem Loskauf der Gemeinde Hohentrins, im Jahr 1614, war dasselbe sammt den herrschaftlichen Rechten zu Hohentrins erloschen und konnte nur auf die Freiherrschaft Haldenstein rechtsgültige Anwendung finden. Darauf gestützt, ruft der Freiherr den Schutz der Bünde an. Diese fühlen um so geringere Lust, sich in den Rechtshandel der beiden hohen Herren einzumischen, als von Reichenauerseite die Drohung laut wird, den Span dem Forum der Bünde zu entziehen und an Kaiserliche Majestät zu appelliren. Um so schärfer fassen aber die bündnerschen Behörden die öffentlichen Verkehrs- und Landesinteressen in der obschwebenden Angelegenheit in's Auge.

---

*) Die Gemeinde Trins mit dem dazu gehörigen Gebiet machte zwei Drittheile der Herrschaft dieses Namens aus. Die Auskaufssumme belief sich auf 7000 Kronen zu 24 Batzen oder auf Gulden 11,200. Dem Herrn von Schauenstein waren noch Reichenau und Tamins mit den damit verbundenen Rechten geblieben und gingen auf die nicht haldensteinische Linie dieses Geschlechtes über. — Archiv von Mohr, 1858, p. 231.

Der Bundestag zu Davos hatte bereits ein Jahr vorher (1725) über den geringen Gehalt der in den beiden Münzstätten zu Reichenau und Haldenstein geprägten Blutzger Klage erhoben, die Besitzer derselben daran erinnert, dass nur eine von beiden Münzstätten, laut ertheiltem Privilegium, zum Blutzgerschlag „nach Prob und Halt" ermächtigt sei, sie zur Verständigung hierüber eingeladen und verlangt, dass die Prägung bis zum getroffenen Einverständnisse eingestellt werde, unter Androhung der Confiszirung der fürohin zu prägenden Münzen und zwar bei Verlust des Privilegiums. Eine Einlage des Freiherrn zu Haldenstein an die Ehrsamen Räthe und Gemeinden vom 25. Juli 1726 zur Aufhebung des Blutzgerschlagsverbotes blieb ohne Erfolg. Der Bundestag wurde dadurch noch mehr ermuthigt und hielt an seinem Beschlusse fest, obgleich Freiherr Gubert „Ihro Weisheiten, Gnaden und Herrlichkeiten verdeutete, dass sie damit gegen Kaiserlicher Huld Privilegium, ihre Schutzherrenpflicht und eigenen Bundesbriefe handelten, allen Friedensstörern zur Ermuthigung, den Schwachen, Wittwen und Waisen zum Schaden." Die Prägung blieb bis zum Jahr 1737 in beiden Münzstätten eingestellt. Der „gnädige Herr" zu Haldenstein erhielt dann wieder die Vollmacht viertausend Gulden in Blutzgern zu prägen, liess aber statt derselben vierundzwanzigtausend Gulden schlagen und wurde deshalb um Gulden fünftausend gebusst und des Privilegs verlustig erklärt.

Gubert von Salis scheint mit aller Festigkeit auf seine Rechte gehalten und seinen Untergebenen gegenüber häufig den gestrengen Herrn herausgekehrt zu haben, während jene, nachdem sie einmal die Freiheit gekostet, immer mehr von der süssen Frucht zu geniessen trachteten und desshalb wiederholt über die Schnur hieben, an der Ihro Gnaden seine Getreuen zu führen gedachte. So konnten Reibungen nicht ausbleiben, die im Jahr 1736 die Intercession der Schutzorte zur Folge hatten. Das widerhaarige Unterthanengeschlecht verweigerte der von dem Freiherrn in Verbindung mit dem Vogt und ein paar Andern bestellten Obrigkeit die Anerkennung und hatte sich beigehen lassen, ohne Begrüssung des Freiherrn Gemeinde zu halten und gerichtliche Acte zu vollziehen. Diese Thatsachen hatten den Freiherrn zur Klage gegen seine Untergebenen veranlasst; wogegen diese

über Abschaffung der Unsitte der Hofier- und Schellenweine, über
das Verbot des Neujahrschiessens und die Vorenthaltung einer
vertragsmässigen Jahresgebühr von Gulden fünfzehn an die Schule
sich beschwerten, wegen deren Entrichtung Sohn und Mutter mit
einander haderten. Ein vom Bundestag niedergesetztes „unpartheiisches Gericht",
das übungsgemäss Mitglieder aus sämmtlichen Bünden zählte,
verfügte, dass der Freiherr berührte Abgabe an die Schule zu
entrichten habe, gab ihm aber, wie nicht anders zu erwarten
stand, in allen andern Punkten, seinen Unterthanen gegenüber,
Recht und ermahnte dieselben „sich künftig anständiger gegen
den Herrn aufzuführen" und in den Schranken der Pflicht zu
verbleiben, verurtheilte sie zur Erlegung aller ergangenen gerichtlichen und aussergerichtlichen Kosten und fügte die Drohung
bei, die Gemeinde in eine Strafe von hundert Dukaten zu verfällen,
„wo sie sich in dergleichen Uebertretungen und Vergreiffungen
an der Hoheit künftig erfinden lassen sollte." Diese Vorgänge
zeigen das wachsende Gelüste nach zügelloser Willkür von Unten
herauf und eine bedenkliche Ohnmacht von Oben herab, die nur
durch fremde Hülfe ihren Rechten Nachachtung zu verschaffen
vermochte und desshalb fortwährend zu neuen Angriffen herausforderte. Den 23. Nov. 1737 ging Freiherr Gubert von Salis
mit Tod ab.

Sein Bruder Thomas von Salis folgte ihm in Festhaltung
des einschlägigen Vergleichs vom Jahr 1654 und 1701 in der
Regierung. Die Zeit war bereits eine andere geworden und begünstigte nichts weniger als absolutistische Zustände; die öffentliche Volksstimmung brach über drückende Vorrechte den Stab
und rang nach Beseitigung lästiger Fesseln. So hatte sich auch
seit beginn des Jahrhunderts die Stellung der Freiherrn zu Haldenstein gegenüber ihren Untergebenen immer bedenklicher gestaltet. Es war daher ein Gebot der Nothwendigkeit, wenn Freiherr Thomas bald nach seinem Regierungsantritt (1739) bei
„Ihro Weisheit, Gnad und Herrlichkeit am Bundestag zu Ilanz
versammelt" in Hinwisung auf die Huldbezeugungen Gemeiner
Lande gegenüber der Freiherrschaft Haldenstein in früherer Zeit
„mit der demüthigen Bitte einkam, auch ihm solche Gnadenzeichen
grossgünstig" zu gewähren und „dero hohe Protection Schutz und

Schirm wie seinem Vorfahren angedeihen zu lassen." Sein Gesuch fand die Zustimmung der Räthe und Gemeinden und wurde durch Ausstellung des üblichen Schutzbriefes von Seite der Bundeshäupter beantwortet.

Die Schutzherrschaft der Bünde, welche die Pflicht der Aufrechthaltung der herrschaftlichen Rechte und Privilegien in sich schloss und nicht gewohnt war, mit sich markten zu lassen, verfehlte in der Regel die erwünschte Wirkung auf die Haltung der Unterthanen gegen ihre Obern nicht. Ihr Gehorsam war indess kein freiwilliger, sondern ein erzwungener nur und schlug denn auch unter Freiherrn Thomas wie einst unter seinem Bruder Gubert in offenkundige Widersetzlichkeit um. Die Gemeinde rang nach Beseitigung der freiherrlichen Privilegien und wiederholte 1771 den Versuch vom Jahr 1736 sich selbstständig zu konstituiren und ohne Begrüssung des „gnädigen Herrn" Versammlungen abzuhalten und gerichtliche Acte auszuüben. Der Freiherr führte Klage bei den Bünden und diese gaben der vor fünfunddreissig Jahren auf den Wiederholungsfall hin ausgesprochenen Strafandrohung auch in der That buchstäbliche Folge. Die rückfälligen Unterthanen wurden mit einer Busse von hundert Dukaten belegt, wovon ein Betrag von Gulden zweihundertundfünfzig zur Sühne des gekränkten Gebieters und der Rest zur Deckung der ergangenen Gerichtskosten verwendet wurde.

Der Streit über Ausübung des Münzrechtes zwischen Reichenau und Haldenstein tauchte auch unter Freiherrn Thomas mit erneuerter Bitterkeit auf. Gestützt auf ein Kaiserliches Diplom Karls VI. (4. Juli 1739) setzte General Thomas Franz von Schauenstein die Münzstätte in Reichenau wieder in Thätigkeit; wogegen Freiherr Thomas das Einschreiten des Bundestags und damit die Einstellung des Münzschlages bis zur Gutheissung desselben von Seite der Räthe und Gemeinden veranlasste. Es gelang dem General Franz von Reichenau durch seine einflussreichen Verbindungen bei dem rhätischen Souverän die Erlaubniss zu freier Ausübung des Münzschlages auf dem ganzen Gebiete der drei Bünde auszuwirken. Der Herr von Schauenstein sollte aber schon in dem darauf folgenden Jahre (1741) den Wechsel der Volksgunst erfahren. Auf eine Gegenvorstellung von Seite der vereinigten bischöflich-churer'schen Münzstätte bei den Ehrsamen Räthen und

Gemeinden erfolgte eine beinahe einhellige Abweisung des schauenstein-reichenauischen Begehrens und in Verbindung damit, das Verbot des Bundestages gegenüber dem Besitzer von Reichenau, die Münzprägung in dem Umfang Gemeiner Lande betreffend, bei Strafe von viertausend Pfund im Uebertretungsfall.

Die bündnerschen Oberbehörden suchten durch wiederholte Verordnungen im Münzwesen, namentlich die Prägung von Scheidemünzen, das normale Maass nicht überschreiten zu lassen, weil das Gegentheil eine Steigerung des Werthes der Gold- und Silbersorten zur Folge haben müsste, was aus naheliegenden Gründen einer vorzugsweise an Landwirthschaft und Viehzucht gewiesenen Bevölkerung nur Nachtheil bringen konnte. Eine Vermehrung der Münzstätten lag deshalb nicht im Interesse des Landes. In Würdigung dieser volksthümlichen Anschauung hatten sich die beiden Münzstätten zu Stadt und Hof-Chur mit einander vereinigt und schlossen mit Haldenstein wegen des Blutzgerschlages einen Vertrag, kraft dessen das diesfällige Prägungsrecht an die bischöflich-städtische Münze für die Dauer von zehn Jahren überging und der Gewinn, welcher 5 % nicht übersteigen durfte, zu gleichen Theilen dem Bischof, der Stadt und dem Freiherrn zufallen sollte.

Die häuslichen Beziehungen der herrschaftlichen Verwandten im Schlosse Haldenstein gestalteten sich auch unter dem Freiherrn Thomas, wohl infolge der ungünstigen Finanzlage, keineswegs freundlich. Die Wittwe des letztverstorbenen und Schwägerin des regierenden Freiherrn besass die eine Hälfte der Herrschaft als käuflich erworbenes Erbgut ihres Gatten, Gubert von Salis, und konnte auch laut Vertrag vom Jahr 1737 eine Ausrichtung von Gulden achttausend für die andere Hälfte von dem Nachfolger ihres Gatten ansprechen. Freiherr Thomas musste indess durch einen gerichtlichen Spruch der Bünde zur Erfüllung einer vertragsmässigen Pflicht angehalten werden. Die Wittwe, welche sich später mit dem Haupt des Gotteshausbundes, Nikolaus von Salis in Chur, vermählte, trat 1761 ihren Antheil an dem Schlosse für Gulden viertausend an eine eben im Aufblühen begriffene junge Lehranstalt, und die Hälfte der Regalien und der herrschaftlichen Güter den beiden Brüdern Ulysses und Anton v. Salis-Marschlins gegen die Summe von Gulden vierundzwanzigtausend ab. Freiherr Thomas zog drei Jahre darauf den Marschlinser-Antheil gegen Erlegung der gleichen Kaufsumme wieder an sich und wurde damit Besitzer der ganzen Herrschaft. Bei der Theilung mit seinen Kindern nach dem Tode der Mutter schlug er sein ganzes persönliches Vermögen auf Gulden zweiundfünfzigtausend und sechzig und vierundfünfzig Kreuzer an, während die auf der Herrschaft lastende Schuld im Laufe der Zeit nahezu auf hunderttausend Gulden angestiegen war. Es verdient als ein schönes Zeichen der Pietät erwähnt zu werden, dass jedes Kind dem Vater die Renten eines Viertheiles seines mütterlichen Vermögens, selbst auf den Fall der Wiederverehlichung, aus freien Stücken auf Lebensdauer abtrat. Die Schuldenlast sollte nach einem billigen Maassstab ebenfalls auf die durch vortheilhafte Heirathsverbindungen oder auswärtige Militärdienste zum Theil wenigstens ökonomisch nicht ungünstig gestellten Leibeserben des Freiherrn vertheilt und von ihnen getilgt werden. Dieser gab das einzige Beispiel eines noch bei Lebzeiten zu Gunsten seines ältesten Sohnes abdankenden Freiherrn. Die dem höheren Alter natürliche Sehnsucht nach einem ruhigen Abend des Lebens, die nichts weniger als freundlichen Beziehungen zwischen Herrschaft und Gemeinde, vielleicht auch nur zu gegründete Besorgnisse für die Zukunft des freiherrlichen Sitzes, mit dem Wunsch, denselben kräftigeren Händen anvertraut zu wissen, mögen Thomas von Salis zum Rücktritt von der Regierung bewogen haben. Sein Entschluss sollte aber einen mit nicht geringer Erbitterung zwischen seinen beiden ältesten Söhnen geführten Streit wegen Ausübung der freiherrlichen Rechte zur Folge haben. Im Widerspruch mit den Abkommnissen vom Jahr 1654 und 1724, welche einen Wechsel in der Regierungsfolge zwischen den Mannsstämmen der einzelnen Linien vereinbart hatten, sprach der älteste Bruder Johann Luzius mit Ausschluss seiner Brüder Rudolf, Andreas und Gubert, die Freiherrnwürde für sich und seine Nachkommen an und forderte damit namentlich den Hauptmann Rudolf von Salis, Verfasser der Haldensteinerchronik, zu entschiedener Verwahrung gegen einen derartigen Gewaltsstreich aus. Er zeigte sich fest entschlossen bis zu den äussersten Rechtsmitteln zur Abwehr „einer so himmelschreienden Ungerechtigkeit" seine Zuflucht zu nehmen und lieber Gesundheit und Vermögen aufzuopfern, „als sich zu einem simpeln Partikularen erniedrigen und in einer rebellischen Gemeinde als steuerpflichtiger Unterthan seines Bruders und im Fall späteren Ablebens, der Kinder desselben, behandeln zu lassen." Der Bruderzwist wurde indess glücklicher Weise durch Vermittlung einflussreicher Verwandten und Freunde gütlich beigelegt und die Nachfolge dem ältesten Sohne Hans Luzius mit Einräumung des herkömmlichen, alternirenden Successionsrechtes und einer Vergütung von Gulden 10,000 an seine Geschwister zuerkannt (1. Dez. 1774).

Den 10. Jänner des darauf folgenden Jahres 1775 fand die Huldigung statt. Ohne dass Einer der Anwesenden es geahnt haben mochte, war sie die letzte und wurde auch mit Aufgebot ausserordentlichen Pompes vollzogen. Der feierliche Act wurde in der Kirche, in Anwesenheit der zahlreichen freiherrlichen Familie und ihrer Fürsprecher in abgesonderten Sperrsitzen im Chor, der Gemeindsglieder und ihres Vertreters an den Stufen des Taufsteines vorgenommen. Der damalige Stadtpfarrer und Professor der Philosophie an der Lateinschule zu Chur, Paul Kind, hielt die Huldigungspredigt, Stadtvogt Stephan von Salis von Maienfeld dankte im Namen des austretenden Freiherrn Thomas die Regierung ab; Bundspräsident Joh. Baptista von Tscharner führte den jungen Freiherrn, „dessen gute Eigenschaften er hervorhob", in die Regierung ein und Rathsherr Dr. Med. Bavier leistete Namens der Untergebenen den Huldigungseid. Der Zeitgeist sass indess bereits über die Instituzionen feudaler Bevormundung zu Gerichte; die Gemeinde lag mit der Herrschaft vor den schutzörtlichen Behörden, wegen Zulassung einer Schirmvogtei für die Rechte und Freiheiten der Untergebenen und Aufstellung eines Gerichtes mit dem Recht des Weiterzuges an eine höhere Behörde zur Erledigung ihrer Anstände, mit dem Freiherrn im Prozess und hatte nicht ohne laute Verwahrung die Huldigungsfeier vor sich gehen lassen; keine Redemittel, kein auf Effect berechnetes Ceremoniell vermochten die anrückenden Stürme im Völkerleben zu bannen; Hans Luzius von Salis war der letzte Freiherr von Haldenstein.

Wir können nicht umhin den weiteren Verlauf der Geschichte der Freiherrschaft durch Erwähnung einer Anstalt zu unterbrechen, welche während der Regierung Thomas III. zu Haldenstein die erwünschteste Zufluchtsstätte fand. Wir meinen das „rhätische Philanthropin", das in der Zeit häufiger Spaltungen im Innern und unter den drohenden Anzeichen der französischen Revolution und den Stürmen des siebenjährigen Krieges im Auslande entstanden, von weiterblickenden Partikularen und den höchsten Behörden in Bünden als dringendes Bedürfniss tief empfunden und mit den frohesten Hoffnungen begrüsst wurde. Martin Planta von Süs und Joh. Peter Nesemann aus dem Magdeburgischen waren der Lehranstalt Gründer. Von Planta, der nicht blos als Pädagog, sondern auch als Physiker und Mechaniker durch namhafte Erfindungen seine hohe geistige Begabung bethätigte und sich auch in weiteren Kreisen einen bleibenden Ruf erworben hat, besitzen wir einen einlässlichen Bericht über Entstehung, Organisation, Lehrweise, Disziplin und Haushalt des Instituts. Der Berichterstatter referirte über das Unternehmen als Mitglied der helvetischen Gesellschaft in ihrer Versammlung vom Jahr 1766 zu Schinznach zuerst mündlich und später auf den Wunsch derselben schriftlich. Seine Mittheilungen finden sich in den betreffenden Schinznacherverhandlungen, pag. 27—64, woraus wir um so unbedenklicher einen gedrängten Auszug mittheilen, als die Arbeit Planta's nicht blos eine werthvolle Charakteristik der pädagogischen Bestrebungen seiner Zeit liefert, sondern auch für die Gegenwart beachtenswerthe Winke enthält.

Der Mann scheint so recht eigentlich zum Schulmeister im edelsten Sinne des Wortes prädestinirt gewesen zu sein. Schon in seinem achtzehnten Lebensjahre übersandte er von Bern aus, wo er seiner wissenschaftlichen Ausbildung oblag, dem Landeshauptmann Planta-Wildenberg ein, wie er freilich später selbst am besten erkannte, unreifes Project zur Gründung einer Lehranstalt für bündnersche Jünglinge. Der mit dem Feuer der Jugend gefasste Vorsatz wurde indess nicht wieder aufgegeben; er gewann während eines mehrjährigen Aufenthaltes Planta's in England, auf dem Wege sozialer, pädagogischer und psychologischer Erfahrungen, neue Klarheit und erhöhte Zuversicht und gelangte nach der Rückkehr des Mannes in die Heimath, freilich nur nach Ueberwindung mannigfacher Schwierigkeiten, zur Ausführung.

Dafür waren die freundschaftlichen Beziehungen, welche Planta, der inzwischen Hofmeister im General Planta'schen Hause geworden, mit Nesemann von Magdeburg anknüpfte, der in gleicher Eigenschaft in der Familie des Generals Spiecher weilte, von entscheidendem Erfolg. Beide Männer waren für die Bildung der Jugend ebensosehr eingenommen als befähigt und trachteten nach einer freieren und erweiterten Wirksamkeit, auf dem liebgewonnenen Arbeitsfeld. Anbahnung und gemeinschaftliche Leitung eines Instituts wurde Planta's und Nesemann's Lieblingsgedanke, der nach längerer Trennung, während welcher Ersterer meist dem Seelsorgeramte in Zitzers, Jener der Ueberwachung eines ihm anvertrauten Jünglings auf auswärtigen Hochschulen oblag, bei dem Wiedersehen der beiden Freunde in dem evangelischen Pfarrhause zu Zitzers, lebhafter als je wieder auftauchte.

Planta hatte in den letztverflossenen Jahren den pädagogischen Plan aus seiner frühen Jugendzeit keineswegs vergessen, sondern unablässig um Ausführung desselben sich bemüht, konnte aber dem Freunde freilich nur von vereitelten Versuchen berichten. Bei seinem Aufenthalt in Cläven, im Planta'schen Hause, hatte er mit dem Pfarrherrn Menn in Soglio die Gründung einer Schulanstalt besprochen, die Zusage bereitwilliger Mitwirkung von Seite des Landshauptmannes Rudolf von Salis daselbst erhalten und schon damals Haldenstein zum künftigen „Musensitz" auserkohren, aber das Vorhaben wegen Mangel an der erforderlichen Unterstützung und Uebereinstimmung in den Wünschen der Männer von Einfluss und Vermögen im Lande wieder aufgeben müssen. Er hatte in Zitzers im Einverständniss mit dem Podestat und späteren Minister von Salis-Marschlins einen Entwurf ausgearbeitet, welcher auf Einrichtung einer Schule von dreissig bis vierzig Jünglingen mit sechs Lehrern unter der finanziellen Garantie und Direction von zehn bis zwölf Partikularen berechnet war und einer Anzahl Mitgliedern an dem Bundestag (1760) vorgelegt wurde und wohl den Beifall aber nicht den materiellen Beistand derselben fand. So war auch dieser Versuch zur Durchsetzung des Unternehmens erfolglos geblieben und, wie Planta meinte, an der mit den republikanischen Einrichtungen verbundenen Eifersucht der einzelnen Landestheile, an dem Souveränetätsschwindel der einzelnen Hochgerichte und den sprachlichen und lokalen Hemmnissen gescheitert. Stiess doch die Wahl des Sitzes und der Leitung der projectirten Anstalt auf Schwierigkeiten, welche in jener Zeit der einer anarchischen Dezentralisation verfallenen Demokratie, als unüberwindlich sich herausstellten und nur einem ausser aller Verbindung mit staatlichen Einflüssen und dem politischen Parteigetriebe stehenden Privatunternehmen eine, wenn auch zweifelhafte Möglichkeit des Erfolges zusicherten. Es gereicht der Willenskraft und dem aufopfernden Sinne des wackeren Mannes zur Ehre, dass er des wiederholten Misslingens ungeachtet, sein Vorhaben nicht aufgab, sondern entschlossener als je zuvor den vor seinen Blicken auftretenden Hindernissen die Stirne bot und freudig die Freundeshand Nesemann's zu gemeinschaftlicher Beseitigung derselben ergriff.

Die beiden Freunde arbeiteten ihren pädagogischen Plan aus und schickten denselben an eine Anzahl begüterter und angesehener Familienväter mit der Bitte, ihnen ihre Söhne in Unterricht und Erziehung anzuvertrauen. Sie durften infolge der zusagenden Antworten, die bei ihnen eingingen, mindestens auf zwölf Zöglinge hoffen, setzten die Eröffnung der Anstalt auf den 1. Mai 1761 an und versahen sich darauf hin mit dem nöthigen Vorrath an Wein und Getreide. Der Erfolg entsprach indess keineswegs den gehegten Erwartungen. Die Schule konnte nur mit einem einzigen Zögling in Zitzers eröffnet werden, dem sich bis in den Heumonat noch drei andere beigesellten. Diese vier Jünglinge gehörten den Geschlechtern Sprecher, Salis, Engel und Rudolfi an. War diese ausser allem Verhältniss zu den billigsten Erwartungen und erhaltenen Zusicherungen stehende Frequenz der neuen Anstalt eben nicht geeignet, den Muth der wackeren Männer, denen irdische Güter in einem sehr beschränkten Maasse zu Gebote standen, aufrecht zu erhalten, so mussten sie vollends an dem Erfolg ihrer pädagogischen Bestrebungen verzweifeln, als ihnen die öffentliche Meinung mit dem grössten Misstrauen entgegen trat. Die Bevölkerung von Zitzers nannte die neue Anstalt mit ihren vier Jüngern und den beiden Meistern eine Universität, verband mit diesem Namen die Vorstellung aller der Ungebühr und Zuchtlosigkeit, welche der ungebundene, rohe Sinn der studirenden Jugend auf den Hochschulen des achtzehnten Jahrhunderts in Deutschland und anderwärts zur Schau trug und sah nicht ohne Besorgniss dem allfälligen Gelingen des Unternehmens entgegen. Die verfügbaren Geldmittel waren wohl grossentheils durch Beschaffung der Speisevorräthe darauf gegangen; die Zahl der Schüler unter gering; Obdach mindestens zweifelhaft; an Geld kein Ueberfluss: Wahrlich wenig einladende Aussichten für die Zukunft. Zu Haldenstein fand die von der Ungunst der Verhältnisse verfolgte Anstalt Rettung aus dem drohenden Schiffbruch. Zwar waren die Angehörigen der Freiherrschaft nicht besser auf das neue Institut zu sprechen als andere Dorfbewohner der Nachbargegenden. „Die Unterthanen konnten sich indess den richtigen Begriffen, die ihnen ihr gnädig regierender Herr beibrachte, und seinem Willen nicht widersetzen." So traf die junge Schulanstalt in dem Salutzischen Hause zu Haldenstein einen sicheren Hafen gegen die ihre Existenz bedrohenden Anläufe einer feindlich gesinnten Umgebung und eines neidischen Geschickes. Der Kleinstaat am Fusse des Galanda empfahl sich den Gründern des späteren rhätischen Philanthropins „durch seine Regierungsart, das gesunde Wasser, die reine Luft, die Nähe der Stadt Chur, wodurch man geschwind Aerzte und Arzneien haben kann, und durch die von der Landstrasse ein wenig abgelegene und den häufigen Besuchen und Zerstreuungen weniger ausgesetzte Lage."

Hier hatte sich denn auch die Anstalt eines schnellen Wachsthumes zu erfreuen: Paul von Perini brachte unsern beiden wohl nicht bei rosiger Laune befindlichen Pädagogen mit seinen vier Söhnen, als neue Zöglinge, bedeutende Geldvorschüsse, entriss sie dadurch der finanziellen Klemme und hob ihre Hoffnung in die Zukunft für das Gedeihen der Anstalt. Mit den Söhnen der Brüder Daller von Bischoffszell und des Gerichtsherrn Gonzenbach von Hauptwyl traten die ersten Ausländer in letztere ein und riefen durch das Vorgehen und die Empfehlung ihrer Väter, welche zu den verdientesten Gönnern der Schule gehörten, auch lernbegierige Jünglinge aus Frankreich und andern Ländern nach Haldenstein. Als Martin Planta seinen Bericht an die helvetische Gesellschaft abfasste, war die Schülerzahl bereits auf zweiundfünfzig angestiegen und machte den Bezug grösserer Räumlichkeiten zu geeigneter Unterkunft und Beschäftigung derselben nothwendig. Auch die rhätischen Oberbehörden wurden der Anstalt und ihren Gründern geneigt. Der Bundestag zu Ilanz bedachte Planta und seinen Collegen Nesemann mit dem damals dem Anscheine nach in hohem Kurs stehenden Professorentitel und holte für diese Schlussnahme die Gutheissung der ehrsamen Räthe und Gemeinden ein. Die Landesväter zu Chur, welche im darauf folgenden Jahre ihre Aufgabe und die Bedürfnisse des pädagogischen Duumvirats offenbar noch besser zu würdigen verstanden, thaten einen herzhaften Griff in den Geldbeutel und überraschten die von den Ilanzer gestrengen Weisheiten prokreirten Professoren, die nur vierhundert Gulden gewünscht hatten, mit einem unverzinslichen Kapital von Gulden viertausendundzwanzig auf sechs bis acht Jahre. Dadurch wurden die beiden Direktoren der Anstalt in den Stand gesetzt, einen beträchtlichen Theil des herrschaftlichen Schlosses käuflich an sich zu ziehen und sammt ihren Zöglingen unter einem Dache mit „dem gnädigen Herrn" von Haldenstein zu weilen.

Planta nennt die neue Anstalt in Haldenstein Seminar, die Zöglinge hiessen Seminaristen; die Bezeichnung Philanthropin, welche einige Jahre später (1771) mit dem pädagogischen Unternehmen Basedows in Dessau aufkam, wurde erst nach Verlegung der Schule in's Schloss Marschlins gebräuchlich und sollte derselben zu besonderer Auszeichnung gereichen, während man heut zu Tage bei dem Namen Philanthropin mitleidig die Achsel zuckt und kaum an etwas Anderes als an schulmeisterliche Wunderlichkeiten denkt. So sehr haben sich die Zeiten geändert. Mag man immerhin die philanthropinistischen Bestrebungen und den prosaischen Krämersinn mancher ihrer Urheber belächeln; verschwiegen werden darf es nicht, dass jene Schulunternehmungen mit ihren Gründern einer auf allen Lebensgebieten in entschiedenem Fortschritt begriffenen, ideenreichen Periode des Völkerlebens angehörten, die durch ihre gesunden Grundsätze die Vergangenheit mit ihrer geistigen Gebundenheit weit hinter sich liess und die schönsten Errungenschaften der Gegenwart in Kirche, Staat und Schule angebahnt haben. Planta und Nesemann wurzelten nach Bildung und Lebenserfahrung in den wissenschaftlichen und praktischen Anschauungen ihrer Zeit; sie standen, der Eine wie der Andere, auf den Höhen derselben und können daher mit ihrer Wirksamkeit zum Besten eines Kreises lernbegieriger Jünglinge der angesehensten Familien aus der Heimath und fernen Ländern, in einem abgelegenen rhätischen Schlosse, auch nur aus den Bestrebungen begriffen werden, welche die geistige Physiognomie des Geschlechtes jener Tage bezeichneten.

Wenn dem thatenmächtigen, freien, kühnen Geistesaufflug der ersten Dezennien des sechszehnten Jahrhunderts aus den Fesseln der Bevormundung, durch die Geistesarmuth und den knechtischen Sinn der Epigonen der heimgegangenen Heroen in der zweiten Hälfte des berührten Zeitraums die Flügel beschnitten wurden und im siebenzehnten Jahrhundert durch rohe Gewalt vollends der Lebensodem ausgelöscht werden wollte; so wird es stets als das grosse Verdienst des letztverflossenen Jahrhunderts gepriesen werden, dass es aller Ausschreitungen ungeachtet, das Recht individuellen Erkennens und Schaffens auf allen Lebensgebieten zur Geltung gebracht, die Bedürfnisse der Persönlichkeit gegenüber den Machtsprüchen der Autorität gewahrt, den Bestrebungen in Litteratur, Kunst, Wissenschaft und Politik ihr Gepräge aufgedrückt und damit einem neuen Zeitalter Bahn gebrochen hat.

Das von den Schranken starrer Satzungen befreite Denken schritt unablässig in der Beseitigung jeder Voraussetzung fort, unterwarf sie alle seiner strengen Kritik und riss auch die Theologie in seinen Sturmlauf hinein. Die englischen Dichter und französischen Encyclopädisten stellten die Autorität der Vernunft der Offenbarung entgegen und verirrten sich da und dort bis zur Losreissung vom Christenthum in der Leidenschaft des Kampfes gegen die Auswüchse der Kirchenlehre und zur Leugnung aller geistigen Mächte in der Trostlosigkeit des Materialismus. Die Leipnitzisch-Wolfische Denkweise in Verbindung mit den volksthümlichen Schriftstellern jener Zeit auf philosophischem und den Rationalisten auf theologischem Gebiete trugen auch das Ihrige zur Beseitigung der herkömmlichen Begriffe über Offenbarung und Autorität der Schrift bei, entleerten aber auch die christliche Lehre ihres eigenthümlichen Ideengehaltes.

Mit der Abschwächung des speziell Christlichen wurde dann auch auf Beseitigung des Confessionellen hingearbeitet; wesshalb die Versuche zur Vereinigung und Verschmelzung der beiden Kirchen im Umfange des abendländischen Christenthums einige Jahrzehnte nach dem blutigen Kampfe derselben auf Tod und Leben mit glühenderem Eifer aufgenommen und mit grösseren

Opfern betrieben worden sind als jemals sonst. Auf Anregung
Innozenz XI. und Kaisers Leopold I. legten der spanische Bischof
Rojas de Spinola, der evangelische Abt Molanus zu Loccum im
hannoverschen Fürstenthum Kalenberg mit Bossuet, der edle
schottische Puritaner Dyräus u. A. Hand an's Werk, aber ohne
den erwünschten Erfolg. Ihre Bestrebungen scheiterten an den
Klippen schroffer kirchlicher Gegensätze und der daher rührenden
beidseitigen, exklusiven Ansprüche.

Diese Bestrebungen in den Kreisen der Philosophie und Theologie seit der kirchlichen Bewegung im sechszehnten Jahrhundert konnten sich denn auch auf dem Gebiete des Schulwesens unmöglich verleugnen; sie mussten auf Wahl und Umfang der Lehrgegenstände, auf Unterrichtsweise und Disziplin den entschiedensten Einfluss ausüben. Eine Erscheinung, gedankenreich, tief, weitsehend, originell, ja einzig in ihrer Art, der berühmte Rector zu Prerau und Prediger zu Fulnek in Mähren, später Flüchtling zu Lissa in Polen, Comenius (geb. zu Comna 1592 gest. zu Amsterdam 1671) hat auf Jahrhunderte in dieser Richtung Ausserordentliches gewirkt. Seine pädagogischen Schriften wurden in die meisten Sprachen Europa's und selbst in's Arabische, Türkische, Persische übergetragen, erschienen in zahllosen Auflagen, haben sich wie der Orbis pictus (das Weltall in Bildern) nach vielen Wandlungen bis auf die Gegenwart erhalten und verschafften seiner Zeit dem Verfasser einen so gewaltigen Ruf, dass er vielerorten, so auch nach Schweden und England zur Einrichtung und Hebung des Erziehungswesens berufen wurde*). Die Grundsätze, dass der Unterricht von der sinnlichen Anschauung zur Bildung des Verstandes fortzuschreiten und statt abstrakter Begriffe die Dinge selbst oder Figuren, Bilder, Modelle derselben vorzuführen habe; dass freundliche Lehrer und anregende, natürliche Lehrweise, heitere Schulstuben und anmuthige Spielplätze zusammenwirken müssen, um das Lernen angenehm zu machen und den gewöhnlichen Widerwillen gegen die Schule zu vertreiben; dass der Schüler nichts lernen und dem Gedächtniss einprägen solle, was er nicht versteht und im Leben nützlich verwerthen könne; dass bei Erlernung der Sprachen der Gebrauch der Grammatik auf

---

*) Artikel Comenius in Raumers Gesch. der Pädagogik, Bd. 2.

ein Minimum reduzirt werden müsse, dagegen Lektüre nebst Sprach- und Aufsatzübungen die Hauptrolle zu spielen haben, sind grossen Theils bis auf den heutigen Tag in Geltung geblieben und haben in Verbindung mit den Anregungen, die von dem Engländer Locke (1632—1704), den fränkischen Stiftungen in Halle und Semler *) in seinem Schulbericht vom Jahr 1739 ausgegangen sind, einen gänzlichen Umschwung im Erziehungswesen der neueren Zeit hervorgebracht: Statt todten Wissens, lebensvolle Anschauungen: statt passiver Aneignung, selbstthätiges Denken und Schaffen; statt Anfüllung des Gedächtnisses mit leerem Wortkram, klare Vorstellungen; statt Stock und Ruthe, Weckung freier, freudiger Lernlust: Darauf war es bei den Pädagogen der berührten Periode abgesehen. Dass aber diese Prinzipien, so richtig sie im Ganzen sein dürften, wenn sie der Unverstand auf die Spitze treibt, in ihr Gegentheil umschlagen und naseweises Absprechen, gemüthloses Grübeln und arbeitscheues Tändeln als bittere Früchte einer darnach eingerichteten Unterweisung zur Folge haben können, braucht nicht erwähnt zu werden.

Sehen wir nun nach, welche Stellung Martin Planta und sein Freund Nesemann gegenüber den Lebensanschauungen und erzieherischen Grundsätzen ihrer Zeit in ihrem Seminar zu Haldenstein eingenommen haben. Die Aufgabe des Seminars bestimmt Planta dahin: junge Leute erstlich zum Christenthum zu bilden, hernach zu dem politischen, ökonomischen, Militär- und Kaufmannsberufe vorzubereiten und spricht sich zunächst über die religiöse Richtung der beiden Stifter aus. „Wir halten viel", sagt er, „auf Vernunft und Philosophie, glauben aber dabei, dass die christliche Religion etwas von einer ganz anderen Art sei." Vernunft und Philosophie gelten ihnen als nützliche und nothwendige Hülfsmittel, um die Offenbahrung „als einige wahre Quelle der Religion zu verstehen, um die Absicht und Meinung der heiligen Schriftsteller zu unterscheiden und auf dem Wege der Beweisthümer" die Schrift als Gottes Wort darzulegen. „Damit hat die Vernunft das Ihrige gethan und dann kommt es lediglich auf Glauben und nicht auf Grübeln, auf Thun und nicht auf Disputiren an. Ist der Missbrauch der Vernunft die unselige Quelle

---

*) Raumer, Bd. 2, p. 160.

des Unglaubens, so muss die Unterlassung eines ernstlichen und anhaltenden Nachdenkens über die göttlichen Wahrheiten als die vornehmste Ursache des Aberglaubens und der Lauigkeit im Christenthum angesehen werden. Ihr Christenthum ist vorzugsweise ein praktisches: „Christus", heisst es weiter, „ist uns der Grund der Seligkeit, der Glaube das Mittel, seiner theilhaftig zu werden. Die Liebe ist bei uns die Wirkung, der Beweisthum ja die Seele des Glaubens und des ganzen Christenthums; aber eine lebendige, thätige Liebe, Liebe Gottes, Liebe des Nächsten, jedes Nächsten, auch des Feindes und dessen, der nicht glaubt wie wir, Liebe, die Alles duldet, Alles trägt, das ist die Religion, die wir lehren." Mit gemeinschaftlichem Gebet wurde das Tagewerk begonnen und mit Gebet geschlossen und täglich eine Stunde des Morgens dem Unterricht in der Religion gewidmet.

Die Toleranz, welche die beiden Leiter der Anstalt an den Tag legten, zeugte von vorurtheilsfreier, weitherziger Gesinnung, die in den Augen des dogmatischen Rigorismus sich leicht dem Verdacht des Indifferentismus aussetzen könnte. Die Zöglinge gehörten dem reformirten und lutherischen Bekenntnisse an und wurden auch in den Unterscheidungslehren abgesondert unterrichtet. Der reformirte Planta führte aus freien Stücken ein lutherisches Lehrbuch für die religiöse Unterweisung ein, weil er kein besseres kannte. Obgleich er und sein lutherischer Freund Nesemann „in einigen Artikeln verschiedener Meinung waren, so übten sie doch unter sich die Verträglichkeit und brüderliche Liebe aus, als wenn sie zu einer Religion gehörten." „Wir glauben", fährt Planta fort, „dass, wenn alle Menschen so dächten, sie ohne Verletzung der verschiedenen Religionen, die sie bekennen, mit der grössten Einigkeit und Liebe beisammen leben könnten, und dass, wenn die Liebe einmal überhand nähme, Gott sie bald vereinigen würde."

Ueber das im Seminar eingehaltene Lehrverfahren lässt sich der Referent im Wesentlichen dahin vernehmen: „Es ist das in den fränkischen Stiftungen zu Halle übliche," und wurde Planta von seinem Mitarbeiter Nesemann, der daselbst Lehrer gewesen war, „beigebracht". Sie haben aber auch infolge vieljähriger Beschäftigung mit der Jugend viel Eigenes und ändern die Lehrart nach Beschaffenheit der Lernenden. Sie bemühen sich hauptsächlich, den jungen Leuten das Lernen leicht und angenehm zu machen und sie mit trockenem Auswendiglernen vornämlich solcher Sachen, die sie nicht verstehen, zu verschonen. Sie beschäftigen mehr den Verstand als die Gedächtnisskraft. Giebt man den Zöglingen was zum denken und versteht es der Lehrer durch die Annehmlichkeit und Leichtigkeit des Vortrags, die Aufmerksamkeit abzulocken, so entsteht eine Lust zum Lernen. Weil sie das Angehörte begreifen und oft selbst zu erfinden glauben, so behalten sie es desto besser.

Der Lehrer muss die Fähigkeiten, den Geschmack und die Neigungen seiner Schüler genau kennen, sie dabei fassen und seinen Vortrag darnach einrichten; er muss unermüdet und mit Kunst vorarbeiten und zu verhüten wissen, dass seine Schüler nicht ermüden, ihm nachzufolgen. Sie lassen in den Sprachen nur die Declinationen und Conjugationen auswendig lernen, suchen auch diese Arbeit durch sachgemässe Erklärung „der Natur und Beschaffenheit" namentlich auch vermittelst der Ableitung besonders der Zeitwörter zu erleichtern und schreiten dann zur Lectüre der Schriftsteller fort, wobei die Grammatik nach und nach, sowie sich der Anlass darbietet, erklärt wird. Die meisten syntactischen Regeln haben ihren Grund in der Sache selbst und werden mit ungemeiner Leichtigkeit und Sicherheit gefasst, sobald man den Schülern den Grund begreiflich macht. Ausnahmen von der Regel werden ebenfalls aus den Schriftstellern selbst aufgezeigt und nicht aus der Grammatik ohne Zusammenhang und Verstand erlernt.

Als ein Hauptmittel zur Beförderung der Aufmerksamkeit und Ausdauer der Zöglinge bezeichnet Planta sodann ganz besonders die wöchentlichen Wiederholungen des behandelten Unterrichtsstoffes und die Prüfung sämmtlicher Klassen, stets in Anwesenheit des betreffenden Lehrers, „dem es nicht gleichgültig sein kann, wenn die Klasse eines Andern mehr als die seinige zunimmt." Am Sonntag Morgen wurden die Lehren der Religion wiederholt, die in der Woche vorgetragen worden waren; am Donnerstag kamen die französischen und am Samstag die italiänischen und lateinischen Klassen an die Reihe. In den übrigen Fächern wurde ebenfalls nach Abhandlung grösserer Abschnitte von Zeit zu Zeit öffentlich geprüft.

„Auf diese Weise", behauptet der Berichterstatter, „werden sowohl Lehrer als Lernende zu anhaltendem Fleiss aufgemuntert." Die in dem Seminar eingeführten Lehrfächer, welche Planta als Sprachen und Wissenschaften bezeichnet, waren: Latein, Italiänisch, Französisch und Deutsch; Geschichte, Geographie, Logik, Naturrecht, die Haupttheile der Mathematik, die Rechenkunst, Naturlehre, die Buchhaltung, das Briefe Schreiben und Schön- und Rechtschreibung. Auffallend ist es, dass der Gesang nicht in den Lehrplan der Anstalt aufgenommen war, sondern nebst Zeichnen und Instrumentalmusik dem Privatunterricht überwiesen wurde und „von den Liebhabern" besonders honorirt werden musste. Dass „den jungen Herrn", wie die Zöglinge genannt werden, einige Monate des Jahres auch der Tanzmeister nicht fehlen durfte, begreift sich von selbst. Man sorgte aber auch für Arbeit und Anstrengung vollauf. Der Unterricht währte Winter und Sommer täglich acht Stunden, vier vor und vier nach Mittag. Um fünf, spätestens halb sechs, hiess es aus den Federn eilen; ein paar Stunden nach dem Mittagsmahl wurden bei guter Witterung Spaziergängen, Spielen und der geselligen Unterhaltung im Freien gewidmet, dagegen wenn Wetter oder Jahreszeit Meister und Jünger in die Schlossmauern bannten, zum Drechseln, Glasschleifen, Papparbeiten, Musiziren etc. verwendet. Der Rest des Tages musste beim Unterricht in der Schule oder mit Lösung von Aufgaben im Studiensaal unter Aufsicht, worin die Lehrer, deren es acht gab, täglich mit einander wechselten, zugebracht werden.

Ueber die pädagogischen Leistungen des Seminars lässt sich Planta dahin vernehmen: „Wir haben nun bei einer bald sechsjährigen Erfahrung gefunden, dass junge Leute von eilf bis zwölf Jahren von guten Gaben, in Zeit von drei bis vier Jahren, alle Sprachen und Wissenschaften, die wir hier lehren, so hinlänglich erlernen, dass sie hernach durch eigenen Fleiss vollkommen fortkommen und sich soweit bringen können, als sie nur wollen." Prahlerische Anpreisung seiner Kunst war dem Wesen des ebenso ausserordentlich begabten als anspruchslosen Mannes fremd und bewusste Täuschung des Publikums mit seinem Charakter vollends unverträglich. Wir mögen darum an Planta's Worten nicht mäkeln, glauben aber, dass kein redlich Gesinnter in unsern Tagen von ähnlichen Fortschritten der Zöglinge irgend einer Anstalt zu berichten wagte. „Fortkommen" ist indess ein relativer Begriff. Sodann dürfen wir nicht vergessen, dass ein neues Prinzip, dem ein Mensch mit vollstem Vertrauen in seine Wahrheit sich hingiebt, mit dem Zauber des elektrischen Funkens im Herzen zündet, den Willen stählt, die Thatkraft steigert und das Ausserordentliche vollbringt. Der Glaube, das Ergriffensein von der Allgewalt einer grossen Wahrheit, vermag auf allen Lebensgebieten Berge zu versetzen, während der Stumpfsinn der Miethlingsarbeit kaum den Finger von der Stelle bringt.

Der grosse Fortschritt, den die Schule in jener Zeit kraft der neuen, naturgemässen Bildungsprinzipien gemacht, verleitete aber die Einen zu maasslosen Erwartungen und Andere zu gleich marktschreierischen Verheissungen: In seiner Einladung zu dem grossen Examen des Dessauerphilanthropins im Mai 1776 „an die weisen Kosmopoliten" versichert Basedow: „Eine Sprache zu lernen, kostet uns, wenn sie durch grammatische Uebungen nicht zur genauesten Richtigkeit gebracht werden soll, sechs Monat, um in ihr, wie in einer Muttersprache, etwas Gehörtes und Gelesenes verstehen und sie ohne Regel nach und nach auch selbst reden und schreiben zu lernen. . . . Nach einem einjährigen Unterricht „drücken sich die Zöglinge schriftlich und mündlich über Alles so aus, dass sie im alten Rom weit, weit besser fortkommen könnten, als in Leipzig der, welcher nur Plattdeutsch redete und schriebe." — Und sein Gehülfe Wolke rühmt von Basedows Wunderkind Emilie: Anderthalb Jahr alt, lernte sie innert Monatsfrist zu ihrem und des Lehrers Vergnügen lesen; nach dritthalb Monaten wurde sie sodann des Französischen so mächtig, dass sie der Einmischung deutscher Wörter im Unterricht nicht mehr bedurfte. Zwischen ihrem vierten und fünften Jahre lernte sie Latein mit einer Fertigkeit und Richtigkeit sprechen, die von Vielen bewundert wurde."

Der Umschwung der Ideen auf dem Boden des Erziehungswesens im achtzehnten Jahrhundert machte sich ganz besonders in der Umbildung der Schuldisziplin geltend und trat auch in der Ueberwachung der Seminaristen in Haldenstein zu Tage. Es war der Grundsatz freier Selbstbestimmung und allmähliger Befähigung des jugendlichen Geistes zu unabhängiger Erfassung und

Lösung der Aufgaben des Lebens. Während eine frühere Zeit die Autorität des gestrengen Magisters von Stock und Ruthe auf's Nachdrucksamste unterstützt, allem Eigenbelieben des Zöglings die Spitze brach und willenlose Fügsamkeit forderte, suchten die Philanthropen des vorigen Jahrhunderts die ihrer Leitung anvertrauten Zöglinge vorzugsweise auf dem Wege gegenseitiger Ueberwachung in den Schranken der Zucht und Ordnung zu halten und vor ungebührlichen Ausschreitungen zu bewahren. Dass das Prinzip der Selbstbestimmung wie das entgegengesetzte gebietender Autorität in einseitiger Anwendung auf dem Felde der Erziehung auf Abwege führt und thörichten Uebermuth oder thatlosen Knechtssinn erzeugt, liegt nahe. Uns will es scheinen, dass die Gründer des Seminars in der ehemaligen Herrschaft Haldenstein die Klippen zur Rechten und Linken gemieden und nach damaliger Betrachtung der Dinge so ziemlich die gepriesene Mitte gefunden haben.

Sie richteten in der Mitte ihrer Zöglinge nach dem Vorbilde der altrömischen Republik einen Schulstaat ein und statteten denselben mit allen Aemtern und Würden der ehemaligen Herren der Welt aus. Die jungen Leute wählten aus ihrem Schoosse, unter Vorbehalt der Bestätigung von Seite der Schulobern, einen Consul als Vorsitzer in den öffentlichen Versammlungen, einen Censor, der das Betragen der Schüler überwachen sollte und den bedenklichen Auftrag hatte, jeden Samstag die drei „Tugendhaftesten und Sträflichsten" öffentlich zu nennen und die Beweise dafür anzubringen; einen Prätor mit der Aufgabe, Zank und Streitigkeiten möglichst zu verhüten; einen Volksädilen, um allem Fluchen und Schwören und unanständigen Reden vorzubeugen; einen Volkstribunen, der über des Volkes Sicherheit und Wohlfahrt zu wachen und allen obrigkeitlichen Versammlungen beizuwohnen hatte und, obgleich ohne Stimme, durch eingelegte Verwahrung jede Schlussnahme wirkungslos machen konnte, und einen Quästor, um strafbarere Gesetzesübertretungen zu weiterer Behandlung aufzuzeichnen. Zu den genannten hohen Würdenträgern kamen noch ein Schreiber und drei Senatoren oder Beisitzer. Am Schlusse der Woche wurden dann ein paar Stunden der Entscheidung der vom Quästor angemerkten Straffälle und bei ihm anhängig gemachten „Prozesse" verwendet, von denen vier oder fünf der wichtigsten von der Schulbehörde, die andern von der Direktion an Hand genommen wurden.

„Die ganze Republik sass dann in Form eines Halbmonds; die obrigkeitlichen Personen nahmen an einem besonderen Tisch, nahe bei dem Tische der Lehrer, ihre Sitze ein. Der Quästor trug die Anklage nach den Regeln des römischen Gerichtsverfahrens vor. Die Angeklagten vertheidigten sich entweder selbst oder durch einen Advokaten. Der Consul verhörte die Zeugen, liess die Parteien abtreten, legte die Sache dem Gerichte vor, formulirte das Urtheil nach dem Entscheid der Mehrheit und holte die Bestätigung desselben vom Lehrerkonvent ein. Die Parteien traten dann wieder ein und vernahmen den obrigkeitlichen Spruch, der von dem Schreiber in's Protokoll eingetragen wurde."

Planta rühmt diesen Disziplinareinrichtungen nach, dass die mit Amtsstellen bekleideten Zöglinge, welche meist die Vorträge über das Naturrecht anhörten, reden, denken und prüfen lernten und sich eine Anschauung vom Gerichtsverfahren bildeten. Das römische war aus dem Grunde gewählt worden, „weil die jungen Leute bei Lesung der römischen Geschichte und der lateinischen Schriftsteller, durch diesen Schatten der Nachahmung, besser in den Stand gesetzt werden, sie zu verstehen." Er stellt den jungen Richtern das Zeugniss aus, „dass sie ohne Ansehen der Personen mit unparteiischer Gerechtigkeit" richteten und sagt, dass jeder Zögling im Gedanken an den Samstag und die an demselben stattfindende Untersuchung der Sitten alle Ausschreitungen sorgfältig meide und sich eines untadelichen Wandels befleissige.

Um uns ein vollständiges Bild von dem Haldensteiner Seminar unter Planta und Nesemann zu verschaffen, erwähnen wir schliesslich noch die vorgeschriebene Kleidung, den Unterhalt und die jährliche Pension der Zöglinge. Die Schüler trugen blaue Röcke und Camisols mit gelben Knöpfen und Hemden ohne Manschetten, wie denn die Vorsteher der Anstalt gerne sahen, dass ihre Angehörigen mehr „der Ordentlichkeit als der Pracht" sich bestrebten.

Die Zöglinge speisten an zwei Tischen; der erste, eine Art table d'hôte für den wohlhabenderen Theil derselben, bot ihnen des Morgens eine Suppe, Grütze oder Brod; zu Mittag nebst

Suppe vier Trachten, zwei von Fleisch und zwei Zugemüse; des
Abends Suppe mit drei Trachten, wovon wenigstens eine von
Fleisch. Die jährliche Pension für den einzelnen Seminaristen
belief sich auf fl. 300. — B. W. Der zweite Tisch unterschied
sich von dem ersten durch eine geringere Zahl von Trachten
Mittags und Abends; die betreffenden Pensionäre entrichteten
fl. 256 jährlich.

Möge uns der geneigte Leser diese Abschweifung auf das
Gebiet der Pädagogik zu gut halten. Wir finden sie zunächst
in dem Planta'schen Referat begründet, das durch Reinheit der
Darstellung vor der barbarischen Diction der Gelehrten jener
Zeit, welche ihre deutsche Muttersprache durch Verquickung mit
lateinischen oder französischen Brocken verunstalteten, auf's Vor-
theilhafteste sich auszeichnet und durch den Inhalt, der des Interes-
santen so viel bietet, seine Leser fesselt. Wir verweilten überdies gern bei dieser schönsten Blüthe, welche die Freiherrschaft
Haldenstein unter der wohlwollenden Pflege der Edeln von Salis
getrieben. Das junge Institut hätte gleich nach seiner Entstehung
bei den Unbilden, die es von Seite der öffentlichen Meinung er-
fuhr, verkümmern müssen, würde nicht ein einflussreicher Protector sich der bedrohten Schöpfung pädagogischer Begeisterung
freundlich angenommen haben. Nebst den beiden Gründern ge-
bührt dem ehemaligen freiherrlichen Geschlecht derer von Salis
das Verdienst, eines der wichtigsten Bedürfnisse unseres Landes
in jener Zeit erkannt und zur Befriedigung desselben freudig
Hand geboten zu haben; wie denn schon der erste Regent dieses
Hauses seinen Untergebenen nebst dem Geschenke persönlicher
Freiheit auch die Wohlthat einer aus seinen Mitteln alimentirten,
besseren Gemeindschule angedeihen liess. Ein solches Verfahren
kennzeichnet sich nicht als Knechtung, sondern als Befreiung im
schönsten Sinne; wenn diese im Laufe der Zeit bis zur Scheidung
zwischen Oberen und Untergebenen führte, so war dies eine politische Nothwendigkeit in der Verkettung der staatlichen Welt-
lage; das Geschlecht, welches das achtzehnte Jahrhundert hindurch die Geschicke der Freiherrschaft lenkte, hatte mit tyran-
nischer Willkür nichts gemein. Es trug an der Auflösung derselben keine Schuld, musste aber für die maasslose Grossthuerei
und den oft lächerlichen Uebermuth früherer Regenten büssen.

Wir können nur mit Wehmuth von jenem Werke des Friedens
unter der begeisterten Pflege der beiden Freunde Planta und
Nesemann scheiden, um der schnell anrückenden Stürme zu gedenken, welche erbarmungslos zermalmten, was der Wahn früherer
Geschlechter für unverwüstlich hielt.

Von dem Antritt der Regierung des Freiherrn Hans Luzius bis zur Aufhebung der Freiherrschaft und ihrer Einverleibung in den Verband der vier Dörfer.

Nur mit Widerstreben hatte die Gemeinde den letzten Huldigungseid geleistet. Die mit ungewohnter Feierlichkeit begangene
Handlung hatte die Kluft zwischen dem Herrn und seinen Unterthanen nicht zu beseitigen vermocht; der Zwist unter ihnen war
kein persönlicher, sondern ein grundsätzlicher; der Zeitgeist forderte Rechtsgleichheit und stiess an den Feudallasten auf eine
verhasste Schranke. So konnte es nie an Gährungsstoffen fehlen;
sie mussten mit jedem Jahre anwachsen und einen Kampf ent-
zünden, der nur mit Auflösung eines politischen Verbandes enden
konnte, der nun einmal unter den gegebenen Zeitumständen immer
unhaltbarer geworden war. Daher tauchten denn auch unter der
Regierung des letzten Freiherrn Anstände auf, welche an sich
zwar von unbedeutender Tragweite zu sein scheinen, aber als
Ausläufer tiefer liegender Ursachen folgenreich werden konnten.
Im Jahr 1786 trat eine Vermittlung ein, um das gestörte Verhältniss zwischen dem Freiherrn und seinen Untergebenen wieder
herzustellen. Die Mittelsperson wurde der damalige Bundesprä-
sident Joh. Baptista von Tscharner in Chur, derselbe, welcher
den Freiherrn bei seinem Regierungsantritt vertreten hatte, den
Unterthanen ebenso genehm als ihrem Regenten und desshalb von
beiden Theilen zutrauensvoll um Abgabe „eines unmaassgeblichen
Gutachtens" in ihren Zerwürfnissen gebeten.

Wir glauben die in der Tscharner'schen Rechtsschrift berührten Streitfragen nebst den zur Beseitigung derselben gemachten
Vorschlägen um so mehr mittheilen zu sollen, als sie ein helles
Licht über die damalige Sachlage in der Herrschaft verbreiten.
Sie betrafen die Annahme und Wegweisung von Insassen, worüber
der Freiherr den Entscheid unter Mitberathung der Gemeinde
sich selbst vorbehielt, während ihm diese nur eine Stimme, wie

jedem Unterthan, zugestehen wollte; sodann die Klage über Umwandlung der Hochheitsrechte in Gemeindsordnungen und umgekehrt, und endlich die Gewerbsfreiheit, welche die Gemeinde für ihre Genossen als jedes Menschen Vorrecht unbedingt ansprach, damit aber die zarte Befugniss verband, „frömde Handwerker, so den Einheimischen die Nahrung entziehen, nach herkömmlichem Brauch abzuschaffen"; wogegen der Freiherr in beiden Fällen Uebergriffe in seine Rechtsame erkannte.

Das von dem Vermittler abgegebene Gutachten zeugt dafür, dass er die Hochheitsrechte des Freiherrn zu wahren und dem erstarkten politischen Bewusstsein der Gemeinde Rechnung zu tragen verstand und mithin die Fähigkeit besass, so weit die Umstände es ermöglichten, ein Einverständniss zwischen beiden Theilen zu erzielen. Wir theilen aus dem Rechtsgutachten des Hrn. von Tscharner einige bezeichnende Stellen mit. Die herrschaftlichen Häuser zerfielen in „privilegirte" und „unprivilegirte"; zu jenen gehörten das Schloss mit den damit verbundenen Räumlichkeiten, die von der freiherrlichen Familie und deren Angehörigen bewohnt wurden und sich einer unbeschränkten Immunität erfreuten; diese dagegen lagen ausser dem Schlossbezirk und wurden meist Miethsleuten überlassen, die, wenn sie zu den Einheimischen gehörten, in früherer Zeit nur eine Krone „für Steg und Weg" in die Gemeindskasse entrichteten und von dem Freiherrn ohne Begrüssung der Gemeinde und sonst übliche Bürgschaftsleistung aufgenommen wurden, nunmehr aber nach dem Begehren der Bürgerschaft gleich andern „Beisässen" behandelt werden sollten. Tscharner beantragt: dass berührte „Beisässe" das Gleiche, was andere, zahlen und auch laut den Statuten die Bürgschaft von Gulden vierzig für Wohlverhalten leisten sollen."

„Leute von zweifelhafter Aufführung oder gar Verwiesene und Bandisirte soll der Freiherr, wenn ihm die Gründe gegen sie ehrerbietig vorgestellt werden, der Gemeinde nicht aufdringen oder deren Beibehalt erzwingen."

In Betreff der Betheiligung des Freiherrn an Gemeindsverhandlungen lässt sich das Gutachten dahin vernehmen: „Wo in den Statuten und Dokumenten steht, dass etwas mit Rath des Freiherrn oder gemeinsam mit ihm geschehen solle, kann es nicht den Verstand haben, dass er nur eine Stimme wie ein Unterthan haben solle, sondern, dass wider seinen Rath nichts geschehen soll, er aber auch in solchen Fällen, und wo er etwas mit Rath des Gerichts oder der Gemeinde zu thun hat, nichts eigenmächtig wider ihren Willen zu befehlen befugt sein solle."

Ueber die in Anspruch genommene Gewerbsfreiheit für Einheimische und die Ausübung des Zunftzwanges gegenüber den Fremden fällt der Vermittler folgendes Urtheil: „Gleich wie der Freiherr seine Unterthanen in Treibung von allerhand Gewerben und Handwerken und Professionen nicht hindern soll, so sollen dagegen die Unterthanen sich keines ausschliessenden Rechtes gegen Fremde und Beisässe anzumassen, noch Zunft- oder Handwerksordnungen zu errichten befugt sein."

Schliesslich wird den Unterthanen verdeutet, „in die Regalien und Hochheits-Rechtsamen des Freiherrn keinen Eingriff zu thun, und Sachen, so der Hochheit zugehören, nicht unter die Dorfordnungen zu rechnen."

Das Versöhnungswerk des weisen Vermittlers beugte weiteren gerichtlichen Schritten zwischen Freiherrn und Gemeinde vor; es stellte wieder friedliche Zustände in der Herrschaft her und schien bei oberflächlicher Beurtheilung der Dinge eine gedeihliche Entwicklung der Sachlage für die Zukunft darzubieten. In der That war es aber nur die dumpfe Schwüle vor dem Sturm, der aus den entfesselten Elementen des Volkslebens im Westen hervorgegangen, über ganz Europa sich entladen und mit den Thronen der Gewaltigen des Welttheils auch den wankenden Edelsitz des ohnmächtigen Autokraten am Galanda umstürzen sollte. Der Materialismus in Verbindung mit der Frivolität in der belletristischen Litteratur Frankreichs im achtzehnten Jahrhundert, hatte mit den herkömmlichen Religionsvorstellungen auch den Boden der Kirche unterwühlt; tiefer dringende und weiter blickende Geister hatten in ihren philosophischen und staatswissenschaftlichen Studien die wahren Grundlagen der öffentlichen Wohlfahrt aufgewiesen und mit Weckung der Sehnsucht nach besseren Zuständen, die Unhaltbarkeit der damaligen Staatsverwaltung vor aller Augen blossgestellt. Ludwig XIV. hatte durch seine Eroberungssucht den Staatsschatz geleert und durch seinen Despotismus den letzten Rest der politischen Freiheit seines Volkes untergraben. Sein Nachfolger, Ludwig XV., hatte durch sein

Willkürregiment die Sicherheit der Person in Frage gestellt und durch die maasslose Verschwendung und Zuchtlosigkeit seines Hofes den Credit des Landes vollends zu Grunde gerichtet, alle Schranken der Sitte niedergerissen und den sechszehnten Ludwig bei allem guten Willen ausser Stand gesetzt, Land und Volk aus so trostloser Lage zu retten.

Ihn drängte die gebieterische Nothwendigkeit mit dem Schmerzensruf einer Ohnmachtserklärung vor die französische Nation hinzutreten und damit das Ruder des Staates andern Händen anzuvertrauen und in Resignation abzuwarten, was daraus würde, und es ward die folgenschwerste aller Revolutionen, welche die Weltgeschichte kennt; sie brachte dem unglücklichen König und seiner Familie, diesen unschuldigen Opfern der ruchlosesten aller vorausgegangenen Regierungen der Neuzeit, Tod und Verderben, Frankreich neben den Lorbeeren der grossen Nation, die Schreckensscenen einer aus allen Fugen gerissenen gesellschaftlichen Ordnung, Europa zwei Dezennien der blutigsten Kriege, der Nachwelt aber eine Fülle von Ideen auf allen Lebensgebieten und damit die Grundbedingungen einer besseren Zukunft, welcher je die Besten ringend und hoffend entgegenharren.

Den 4. Mai 1789 traten die Reichsstände zusammen, um nicht sobald den von den Nothständen der Zeit ihnen angewiesenen Posten wieder aufzugeben. Sie konstituirten sich zur Nationalversammlung, in der immer rückhaltloser hervortretenden Absicht, mit den Ausläufern der mittelalterlichen Feudalverfassung erbarmungslos aufzuräumen und die gegenüber den Bedürfnissen und Lebensanschauungen eines unter den Einflüssen der Neuzeit herangewachsenen Geschlechtes, unhaltbar gewordenen Einrichtungen zu beseitigen, um auf den Trümmern derselben eine neue Ordnung der Dinge aufzubauen. Freiheit, Gleichheit und Brüderlichkeit wurden Losung und Prinzip der Bauherrn des neuen Staatsgebäudes gegenüber dem Autokratenregiment, der Herrschaft der Privilegien und den Standesinteressen der alten Ordnung der Dinge. Für das Königthum gab es in dem revolutionären Zeitbewusstsein keinen Boden mehr; die Geistlichkeit verlor ihre Güter; der Adel büsste seine Rechte ein. Den 10. August 1792 wurde die Schweizergarde wegen ihrer Treue gegen den König von der tobenden Menge dahingewürgt; den 21. Januar des darauf folgenden Jahres sank das Haupt Ludwig XVI. unter dem Beil des Henkers. Damit hatten die Männer des Umsturzes rücksichtslos ihrem Grimme geopfert, was das bürgerliche Leben ihren politischen Theorien Widerstrebendes darbot und riefen die Herrscher Europa's unter die Waffen, um den Dämon der Neuerungen zu bannen. In den Niederlanden, Deutschland und Italien entbrannte der Krieg mit der französischen Republik. Für die Schweiz war der zehnte August ein Tag der Trauer und des Schreckens. Sie hatte Hunderte ihrer Heldensöhne in einem mörderischen Auflauf verloren. Das Blut derselben schrie um Rache. Die Staatsklugheit gebot aber zu unterlassen, was das aufbrausende Brudergefühl eingab. Die Schweiz suchte im Hinblick auf den in wachsender Ausdehnung wüthenden europäischen Kampf ihre Neutralität zu wahren. Sie vermochte sich aber gegen die Fülle neuer Ideen nicht zu verschliessen, welche von Frankreich her gleich Donnerschlag und Blitzesleuchten das Leben der Völker des Welttheils durchzuckten. Mit ihnen kamen denn auch dreifarbige Fahnen, rothe Jakobinermützen und Freiheitsbäume nach der Schweiz. An Zündstoffen fehlte es bekanntlich gerade in der helvetischen Republik am allerwenigsten; es gab deren hier nach der Lage der Dinge mehr als anderwärts. Handelszwang und Innungswesen, Beherrschung der grossen Mehrheit durch die Minderheit, Bevormundung der ländlichen Bevölkerung durch die städtische nebst Ausschluss derselben von allen geistlichen und bürgerlichen Aemtern, und da und dort sogar die Fesseln der Leibeigenschaft waren die Klagen, welche Tausende im Schweizerland erhoben und in dem Evangelium der Freiheit und Gleichheit, das die fränkische Republik als Losungswort an die Völker Europa's entsandte, längst ersehnte Abhülfe erwartete. Den lautesten Wiederhall fanden die revolutionären Ideen, leicht begreiflich, in den helvetischen und rhätischen Unterthanenlanden, diesen enterbten Kindern pflichtvergessener Republiken. Die grosse Zahl der Unzufriedenen vielerorten in der Eidgenossenschaft sorgte für die Verbreitung der neuen Staatslehren, die denn auch durch die Gewalt französischer Bajonette allenthalben zur Anerkennung gebracht wurden. Den 25. Januar 1798 schwur die Tagsatzung der dreizehn Orte, wie es die Väter in Zeiten grosser Gefahr zu thun pflegten, die alten Bünde; das war der letzte bedeutungsvolle Act der alten Eidgenossenschaft; sie sank mit der Besetzung Berns durch die fränkischen Truppen den 5. März 1798 in Trümmer; den 12. April gleichen Jahres wurde die ungetheilte helvetische Republik in den Alpen proklamirt und den 24. August schloss die Schweiz ein Bündniss mit Frankreich, das seitdem Jahre lang über die Wehrkräfte des Alpenvolkes ziemlich unumschränkt auf seinen Schlachtfeldern verfügte. Mit Heldenblut waren die alten Orte besiegelt worden; es floss Heldenblut, als sie zu sein aufhörten. Der Untergang der alten Eidgenossenschaft ist ihrer Entstehung würdig gewesen: Schindellegi, Morgarten, Neueneck, wo die Schwyzer und Nidwaldner, und „im Grauholz", wo die Berner gegen fränkischen Ueberdrang fochten, bilden die würdigsten Denkmäler auf dem Grabe des zehnortigen Schweizerbundes. Die helvetische Republik mit ihren gesetzgebenden Dikasterien in dem Senat und Repräsentantenrath und der ausübenden Gewalt in dem Direktorium, den Kantonsräthen, Verwaltungskammern und Kantonsstatthaltern an den einzelnen Orten, zählte nun der letztern achtzehn: Aargau, Baden, Basel, Bellinzona, Bern, Freiburg, Leman (Waadt), Linth (Glarus, March, Gaster), Lugano, Luzern, Oberland, Sentis (Appenzell, St. Gallen), Schaffhausen, Solothurn, Thurgau, Waldstätten, Wallis und Zürich, wozu im Juli 1801 auch Bünden als neunzehnter Kanton Rhätien trat.

Die drei Bünde und ihre Unterthanenlande hatten zwar die Staatsumwälzung in der alten Eidgenossenschaft überdauert, befanden sich aber seit Jahren in dem Zustande arger Zerrüttung. Im Veltlin und den beiden Grafschaften Worms und Cläven herrschte die zügelloseste Anarchie. Die Bevölkerung rang nach Losreissung von der ihnen verhassten Herrschaft gemeiner Lande. Man errichtete in der Landvogtei Maienfeld Freiheitsbäume, trug fränkische Kokarden und verlangte den Anschluss an die helvetische Republik. In den Bünden selbst walteten nichts weniger als Einigkeit und die Einhaltung gemeinschaftlicher, fester Grundsätze von Seite der Männer von Einfluss im Lande. Sie gingen in den beiden Parteien „der Patrioten" und „Vaterländer" auseinander, von denen jene im Anschluss an die fränkische Republik um jeden Preis die Vereinigung mit Helvetien anstrebten, die Andern auf Oesterreich gestüzt, eben so entschieden die herkömmlichen Staatseinrichtungen aufrecht zu erhalten suchten. Dazu kam die Eifersucht der beiden genannten Mächte selbst, welche in Krieg miteinander verwickelt waren und durch vorwaltenden Einfluss auf die rhätischen Bünde ihre Stellung in Italien zu wahren suchten. So entstand ein durch Zwietracht im Innern und Intriguen von Aussen her genährtes Parteigetriebe, das dem unterliegenden Theile stets verderblich wurde. Die „Vaterländer" mussten in diesem Fall nach Aarburg in der Schweiz oder Salins in Frankreich und die „Patrioten" nach Innsbruck in Gewahrsam wandern. Mit diesen hielten es die Planta, Tscharner, Bavier, mit jenen die Salis, wesshalb die beiden Parteien in grosser Erbitterung mit einander haderten. Dazu kamen noch Klagen über unordentliche Verwaltung, Uebertretung der Gesetze und mangelhafte Staatseinrichtungen. Abstrafung der Schuldigen und Verfassungsrevision oder Landesreform wurden die Losung der denkwürdigen Standesversammlung vom Jahre 1794, welche sich zum Strafgericht konstituirte und viele Bussen fällte, aber auch wohlthätige Schlussnahmen zur Hebung des Erziehungswesens und der Armenversorgung, des Verkehrs und der Landesvertheidigung fasste, durch das Aufgebot von Truppen dem Abfall des Veltlins vorzubeugen suchte und gegenüber den Mächten die Neutralität proklamirte.

Die von der Standesversammlung getroffenen Massregeln vermochten indess die italienischen Besitzungen gemeiner Lande nicht zu retten; infolge der fränkischen Siege wurde die Macht Oesterreichs jenseits der Alpen gebrochen, die cisalpinische Republik gegründet und die Thalschaft Veltlin mit Worms und Cläven mit Begehung eines Raubes von acht Millionen bündnerschen Privateigenthums, ihr einverleibt (im Oktober 1797). Der hauptsächlich durch Schuld der „Vaterländer" herbeigeführte Verlust der Unterthanenlande versetzte das Volk in die wildeste Aufregung und hatte im Einverständniss mit den Häuptern, die Besetzung der Bünde unter dem österreichischen General Auffenberg zur Folge. Er musste aber schon im März des darauf folgenden Jahres 1799 bei'm Eindringen der Franzosen unter Massena das Land räumen, worauf die Einsetzung einer provisorischen Landesregierung nach dem Vorbild der französischen erfolgte.

Bei dem Einrücken der Franzosen, der Gefangennahme und dem Abzug der Oesterreicher verliessen die angesehensten Häupter der „vaterländischen Partei" das Land; die „Patrioten" kehrten meist in die Heimath zurück; sämmtliche Kantonal- und Communalbehörden wurden abgesetzt und ausser Thätigkeit erklärt und eine provisorische Regierung mit Munizipal- oder Gemeindsvorständen und Präfecten oder Bezirksstatthaltern nach helvetischem Vorbild eingeführt. Die Wahlen fanden durchweg auf Anordnung und Gutheissung des Generals Massena, der zu Hof-Chur sein Hauptquartier bezogen hatte, statt und fielen selbstverständlich auf lauter Männer, die nach dem öffentlichen Urtheil mit den alten Zuständen zerfallen und mit der neuen Ordnung der Dinge einverstanden waren. Die provisorische Landesregierung wurde mit eilf Mitgliedern: Jakob Bavier als Präsident und Andreas Otto von Chur als Sekretär, Anton Caderas von Ladir, Vieli von Rhäzüns, P. Bergamin von Obervatz, J. A. Castelberg von Dissentis, Peter Cloetta von Bergün, Anton Caprez von Tamins, Peter Hemmi von Churwalden, Joh. Friedr. Enderlin von Maienfeld und Joh. Hitz von Klosters bestellt. In einer Proklamation vom 12. März an das Bündnervolk erklärte der Obergeneral diese Behörde für die Centralautorität, an welche alle Zweige der öffentlichen Verwaltung sich anzuschliessen hätten und bevorwortete diese Maassregel durch den Umstand, dass die früheren Kantonalbeamten meist ihren Posten verlassen und die im Lande zurückgebliebenen das öffentliche Vertrauen eingebüsst hätten. Gleichzeitig wurde jeder Bündner bei Geldbusse und unter schwerer Androhung als Feind der französischen Republik und Armee angesehen und als solcher behandelt zu werden, aufgefordert, innert vierundzwanzig Stunden über das im Lande vorfindliche Eigenthum der österreichischen Regierung bezeichneten Ortes Anzeige zu machen und sämmtliche Waffen im Interesse der öffentlichen Sicherheit in's Zeughaus zu Chur einzusenden. Den 14. März hielt die provisorische Landesregierung ihre erste Sitzung und fasste folgende Beschlüsse: Dem Bürger-Obergeneral für die auf Freiheit und Gleichheit abzweckenden, tröstlichen und kräftigen Zusicherungen und die von den siegreichen fränkischen Truppen den unschuldig Verfolgten gewährte Sicherheit zu danken, seine Verwendung für das Wohl und Glück des Landes nachzusuchen und die gleiche Dankesbezeugung und Bitte auch dem fränkischen Directorium zugehen zu lassen; die Wiederherstellung und Sicherheit des Verkehrs zwischen der Schweiz und Italien zum Bezug von Salz und andern Lebensmitteln behufs Steuer der überhand nehmenden Noth durch fränkische Vermittlung zu erzielen und durch ein öffentliches Ausschreiben das Bündnervolk von den getroffenen Maassnahmen in Kenntniss zu setzen und dasselbe zu friedfertigem Betragen und zur Wiederabhaltung des da und dort „unterbrochenen" Gottesdienstes aufzufordern. Mit der berührten Zuschrift an Buonaparte wurde auch ein Dankschreiben an das helvetische Direktorium für die liebreiche, brüderliche Aufnahme erlassen, welche die geflüchteten Bündnerpatrioten in der ganzen helvetischen Republik gefunden. Protokolle und amtliche Ausfertigungen, welche vor ihrer Absendung sämmtlich der Genehmigung des Armeechefs unterstellt werden mussten, sind durchweg mit der Aufschrift: Freiheit und Gleichheit, jene links, diese rechts, versehen.

Den 17. März ernannte der fränkische General für jeden Bund drei Beamten, welche mit Ueberwachung der öffentlichen Sicherheit der Personen und des Eigenthums und mit der Sorge für Aufrechthaltung der Ruhe beauftragt wurden. Gleichzeitig waren die Wahlen der Munizipalitäten getroffen worden und traten auf höhere Anordnung im ganzen Umfang des Kantons in's Amt. Unter den Munizipalen von Chur erscheinen auch die beiden „Bürger" Pfarrer Bavier und Saluz, die aber „wegen ihrer öffentlichen gottesdienstlichen Verrichtungen" um ihre Entlassung einkamen und sie auf Verwendung der Regierung bei dem Obergeneral erhielten. In dem Protokoll der provisorischen Landesregierung, das leider über den Monat März 1799 nicht hinausreicht, liegt das Verzeichniss der Munizipalbeamten aller Bündnergemeinden mit Einschluss der Herrschaft Rhäzüns und einziger Ausnahme von Tarasp und Haldenstein vor. Diese beiden Gemeinden waren mithin damals noch nicht in den Staatsverband der rhätischen Republik einverleibt worden, wurden aber gleich andern mit der Wohlthat der fränkischen Besetzung und den damit verbundenen Lasten, mehr als ihnen lieb sein konnte, bedacht. Wenigstens scheint Johann Luzius von Salis, der mit Weglassung der Adelsbezeichnung und der freiherrlichen Würde unter dem einfachen Bürgertitel im Protokoll aufgeführt wird und bei der Regierung um Erleichterung wegen der Truppeneinquartirung einkam, von den französischen Gästen nicht sehr erbaut gewesen zu sein. Er klagt, dass Haldenstein „seit vierzehn Tagen mit Einquartirung von zweihundert bis sechshundert Mann" beschwert worden sei, „von denen die meisten sich nicht mit einer ordentlichen Kost begnügen liessen, sondern mit Fleisch und Wein im Ueberfluss gesättigt zu werden, drohend begehrten." Die ohnehin unbedeutenden Vorräthe an Lebensmitteln waren bereits aufgezehrt und die armen Einwohner ausser Fall neue Einkäufe zu machen und sahen desshalb mit Schrecken künftigen Einquartirungen entgegen. Der Bittsteller fügt bei, dass die Gemeindsangehörigen „durch häufige Requisitionen an Fuhrwerk ausser Stand gesetzt sind, sich etwas zu verdienen und sogar ihr Feld gehörig zu bestellen, und wenn dieses fortdauern sollte, ihrem gänzlichen Ruin entgegensehen müssten."

Haldenstein war aber nicht die einzige Ortschaft, welche über unerträglichen Druck bei der provisorischen Regierung sich beklagte; diese Klage lag in den Verhältnissen und wurde beinahe allerorten in Bünden erhoben; mitunter verband sich damit auch die gerechteste Entrüstung über arge Exzesse, Misshandlungen, Raub, Plünderung von Seite einer zuchtlosen Soldateska. Dieser Uebelstände ungeachtet sprachen sich die Gemeinden in einer hierüber im ganzen Lande abgehaltenen Abstimmung, selbst im Oberland mit Einschluss von Dissentis, mit bedeutender Majorität für die Vereinigung der Bünde mit der helvetischen Republik aus, die denn auch den 24. April gleichen Jahres durch die amtliche Erklärung des betreffenden Direktoriums vollzogen, aber schon Anfangs Mai von bündnerscher Seite wieder aufgelöst wurde. Darf man auch dem Obergeneral Massena das ehrenvolle Zeugniss nicht versagen, dass er durch energische Proklamationen und rücksichtsloses kriegsgerichtliches Einschreiten den Ungebührlichkeiten des Militärs zu steuern und durch Erleichterung des Verkehrs und freigebige Abtretung einigermaassen entbehrlicher Vorräthe, die eingetretenen Nothstände möglichst zu heben bemüht war; so lässt sich doch nicht verkennen, dass die neuen Staatseinrichtungen und ihre Fürsprecher keinen Boden im Volke hatten, wie denn auch das Ergebniss der Abstimmung unter dem Einflusse der fränkischen Bajouette erzielt wurde, meist mit der Bitte um Brod verbunden und von der Erwartung ökonomischer Erleichterung eingegeben, somit kein freiwilliges und aufrichtiges war. Der Sprung von der ausschweifendsten Demokratie bis zu einer mit der obersten Gewalt ausgerüsteten Centralregierung war doch gar zu gross und unvermittelt; die Bünde mit ihren residirenden Orten, die Bundesbehörden mit ihren Befugnissen, die Hochgerichte mit ihren Privilegien und die ehrsamen Räthe und Gemeinden als höchste Instanz in Landesangelegenheiten wurzelten als eine ehrwürdige Erbschaft von Jahrhunderten zu tief im politischen Bewusstsein des Bündnervolkes, als dass man nicht freudig Alles daran gesetzt hätte, sie zu retten. So kam es denn im Mai 1799 zu dem übereilten Aufstand des ergrimmten Oberlandes mit der Gefangennahme und blutigen Aufhebung der fränkischen Besatzung in Dissentis und dem verwegenen Anstürmen des wuthentbrannten Volkes bis Reichenau. Diesen Auftritten folgte die grauenvolle Rache der erbitterten französischen Soldaten, welche in dem Blute des tollkühnen Haufens, in den rauchenden Trümmern seiner Wohnungen und in der Einäscherung des an den verübten Greueln unschuldigen Gotteshauses zu Dissentis, die Sühne für die Meuchelung ihrer Waffenbrüder suchten. Wie ein Donnerschlag den andern ablöst, trat in jener sturmbewegten Zeit gleich darauf die Verdrängung der französischen Truppen und die Besetzung des Landes unter Suwarow, Rosenberg und Hotze durch die Russen und Oesterreicher ein, der die Auflösung der helvetischen Behörden und die Einsetzung einer Interimalregierung und die Wiederherstellung der alten Verfassung mit veränderter Parteistellung auf dem Fusse folgten. „Zur Rettung des Vaterlandes und zur Erhaltung der mit dem theuren Blute unserer Vorfahren erfochtenen Freiheit und alt demokratischen Verfassung," war bereits den 7. Hornung 1799 bei der ersten österreichischen Invasion, um der finanziellen Erschöpfung der Landeskasse zu begegnen, die schöne Summe von nahezu vierzigtausend Gulden zu successiver Verabfolgung an die damaligen Landeshäupter gezeichnet worden. Unter den Subscribenten erscheint der Fürstbischof von Chur mit Gulden 3375, die Stadt Chur mit 10,000, Salis-Marschlins mit 3000 nebst mehreren Andern dieses Geschlechtes mit 2000, Obrist Montalta, Walser, Buol mit je 1000 etc., deren Gesammtsumme in Beträgen von zweitausend Gulden wöchentlich durch den Chef der damaligen „Massner'schen Schreibstube", Andreas von Salis, der Regierung zur Verfügung anheimgegeben werden sollte. Salis hatte sich aber bei'm Eindringen der Franzosen ausser Landes begeben; seine beiden Geschäftsführer „Bürger Damur und Veraguth", an die ein Delegirter der provisorischen Landesregierung mit dem Begehren um Erfüllung der von den Subscribenten eingegangenen Verpflichtungen sich gewendet hatte, schützten Unkenntniss der Sache vor und verstanden sich „bei dem ausserordentlichen Geldmangel" höchstens zu wöchentlichen Vorschüssen von Gulden hundert bis zu zweihundert, „wenn er nicht zu oft komme." Wir finden dieses Verfahren begreiflich; jene Hülfsgelder waren zu ganz andern Zwecken als denen der patriotischen Partei bestimmt. Diese war im März 1799 durch einen glücklichen Zufall wohl in den Besitz des betreffenden Verpflichtungsscheins gelangt, konnte aber nie die gezeichneten Summen erhalten.

Die politische Restauration altehrwürdiger Einrichtungen, welche auf's Neue die Einen gewaltsam von Haus und Herd vertrieb und Andere zu den ehrenvollsten Opfern begeisterte, war auch diesmal von kurzer Dauer. Was konnte auch auf Bestand zählen in einer Zeit, da die grossen Angelegenheiten des Volkslebens von den Wechselfällen des Krieges abhingen. Die Schlacht bei Marengo (14. Juni 1800) und der Friede von Luneville (im Februar 1801) entschieden auf's Neue das Uebergewicht der fränkischen Waffen und hatten schon im Juli 1800 die Wiederbesetzung der Bünde und ihre Wiedervereinigung mit der helvetischen Republik und der Einführung der Einheitsregierung zur Folge (den 12. Juli 1801). Bei dieser zweiten Besetzung der Bünde von Seite Frankreichs und der Eintheilung des Landes in Distrikte und dieser in Munizipalitäten, wurde Haldenstein zu dem helvetischen Kanton Rhätien geschlagen und als neue Munizipalität dem District Plessur zugetheilt und ist seitdem gleich andern Landestheilen in die Schicksale dieses Kantons verflochten gewesen. Die Einverleibung gemeiner Lande in die helvetische Republik wurde durch einen Aufruf an das Bündnervolk eingeleitet, das von dem Obersten Andermatt, als helvetischem Regierungskommissair in Rhätien, und seinem Sekretär Mohr unterzeichnet und vom 15. Juli datirt ist. Wir entnehmen demselben einige bemerkenswerthe Stellen:

Die Regierung, spricht er, hat mich zu Euch abgeschickt, um Bünden mit Helvetien zu vereinigen, Euern Kanton zu organisiren, Ruhe und Ordnung beizubehalten, und den so gefährlichen Parteigeist zu vertilgen. — Nie war Friede und Gemeingeist nöthiger als in diesem Augenblick, wo es um die Wahlen der neuen Regierung zu thun ist; — wählet die rechtschaffensten Männer, wählet die, welche dem Vaterland immerdar die besten Dienste geleistet, wählet die, so mit den meisten Kenntnissen die reinste Vaterlandsliebe vereinigen.

In der Beglaubigung, dass die ersten widerrechtlichen Auftritte nur von einigen unruhigen Köpfen und bekannten Ruhestörern herrührten, habe ich nicht mehr Truppen in das Land rufen wollen. Da aber wieder neue Aufstände ausgebrochen und noch verschiedene auszubrechen drohen, so sehe ich mich genöthigt, die Truppenzahl zu vermehren, um grösseren Unruhen vorzubeugen, den Friede und Ruhe liebenden Einwohner zu beschützen und den Empörer bis in seinen letzten Schlupfwinkel zu verfolgen. — Die Vereinigung Rhätiens mit der Schweiz ist von den Mächten gehörig anerkannt. Eben diese Vereinigung soll Euch eine politische Existenz verschaffen, welche Ihr ohne dieselbe niemals erhalten könntet; durch diese Vereinigung dürfet Ihr Euch Sicherheit Eurer Person und Eures Eigenthums versprechen. Als Kanton Rhätien in der helvetischen Republik, könnt Ihr das besondere Wohl Eures Landes besorgen.

Die Helvetik machte indess weder in Bünden noch in der Schweiz besonderes Glück; sie war nirgends populär und reizte allenthalben zu dem entschiedensten Widerspruch. In der Schweiz erfolgten vom Januar 1800 bis zum October 1802 nicht weniger als vier gewaltsame Umwälzungen in den Behörden und ihren Bestrebungen. Diese Aufstände hatten namentlich in dem Kampfe zwischen den Unitariern und Föderalisten, den Vertretern der Einheitsregierung und einer unbeschränkten Demokratie, den Freunden vollständiger Rechtsgleichheit und den Anhängern der Privilegienherrschaft ihren Grund. Sie nahmen besonders nach der Abberufung der französischen Truppen im Juli 1802 einen bedenklichen Charakter an, stürzten Land und Volk in den Abgrund der wildesten Anarchie und hatten die Beseitigung der Helvetik und die Einführung der Mediationsverfassung durch auswärtige Vermittlung zur Folge.

Die helvetische Verfassung war offenbar ein verfrühtes Produkt im Entwicklungsgange unseres eidgenössischen Staatslebens. Sie ist von den Einen eben so maasslos gepriesen als von den Andern ungebührlich geschmäht worden und hat erst in der Staatsumwälzung vom Jahre 1848 und den daraus hervorgegangenen Bundesbehörden die ihr gebührende Würdigung gefunden. Die Kämpfe, welche die Helvetik vor mehr als einem halben Jahrhundert entzündete, sind seitdem nie erloschen und flammen gerade gegenwärtig heftiger und bedeutungsvoller als je in der Eidgenossenschaft auf. Sie liegen im Wesen der Republik, welche die gewaltsame Unterdrückung der Einen der beiden Parteien nur durch ihre Niederlage erkaufen könnte. Das ist denn auch das Schicksal der aus den Stürmen der Revolution entstandenen französischen Republik gewesen. Ein Kind der Revolution, gross geworden und gewaltig durch sie, sollte dieser selbst und dem, was sie geschaffen, der Mutter und ihrer Tochter den Todesstoss versetzen und auf ihrem Grabe seinen Herrscherthron errichten. Napoleon Buonaparte wurde den 9. November 1799 erster, im Juli 1802 lebenslänglicher Consul der französischen Republik; er warf sich im Oktober desselben Jahres zum Vermittler der Eidgenossenschaft auf und gab ihr im Februar 1803 die Mediationsverfassung und bestieg im Jahr darauf den Kaiserthron von Frankreich.

In der Ansprache Buonaparte's an das Schweizervolk, welche die Vermittlungsurkunde einleitet, sind Beweggründe, Entstehung und Abzweckung derselben in lichtvoller und fesselnder Darstellung enthalten: Der Zwietracht preisgegeben, war Helvetien mit seiner Auflösung bedroht und konnte in sich selbst die Mittel nicht finden, um wieder zu einer verfassungsmässigen Ordnung zu gelangen. Das Interesse Frankreich's an der Wohlfahrt der Schweiz, das Ansuchen des Senats, das der demokratischen Kantone; der Wunsch des gesammten helvetischen Volks haben Buonaparte zur Pflicht gemacht, als Vermittler zwischen den Parteien aufzutreten, die es trennen.

Vier französische Senatoren unterzogen sich in Verbindung mit sechsundfünfzig Abgeordneten der Schweiz, den feindlich auseinandergehenden Strebungen nach einer Bundesverfassung und einer Centralregierung durch Einhaltung der heilsamen Mitte mit einander auszusöhnen, die den Wünschen jedes Kantons entsprechende Staatsform ausfindig zu machen, die Verfassungen der neuen Kantone ihren Begriffen von Freiheit und Wohlfahrt anzupassen und die durch die Zeit ehrwürdigen Einrichtungen der alten Kantone mit den wiederhergestellten Rechten des Volkes in Einklang zu bringen.

Das Ergebniss dieser Berathungen mit den Vorschlägen der Kantonaldeputationen lieferte den Stoff zu der Besprechung des wichtigen Gegenstandes zwischen dem hohen Vermittler und zehn Ausgeschossenen beider Parteien, worunter bekanntlich auch der bündnersche Abgeordnete Sprecher von Berneck. Die Mediationsakte wurde das Resultat aller dieser Verhandlungen.

Mit Ausnahme von Genf, Neuenburg und Wallis wurden sämmtliche Kantone mit Beibehalt der herkömmlichen Benennungen und Eintheilung durch die Mediationsakte zu einem Staatenbund vereinigt. Der Name Kanton war unsern Vorfahren fremd; sie nannten die einzelnen Bundesglieder Orte; die neue Bezeichnung ist infolge der Einmischung Frankreichs in die schweiz. Verfassungsangelegenheiten aufgekommen und mag von der französischen Aussprache des lateinischen „quantum" herrühren und heisst: Theil, Parzelle. Die Verfassung vom Jahr 1803 befreite die Unterthanenlande und hob alle Vorrechte der Orte (Kantone), der Geburt, der Personen oder Familien auf. Sie gewährleistete Freiheit der Niederlassung und des Gewerbes auf dem ganzen Gebiet der Eidgenossenschaft und hob den Handelsverkehr und den öffentlichen Wohlstand durch Aufhebung sämmtlicher Mauthstätten im Innern des Landes.

In der Mediationszeit gab es fünf Direktorialkantone: Freiburg, Bern, Solothurn, Basel, Zürich und Luzern. Sie bildeten der Reihe nach den Sitz der eidgenössischen Tagsatzung; der höchste Beamte des in Funktion befindlichen Direktorialkantons, war Landammann der Schweiz und Vorsitzer der höchsten Bundesbehörde. Er besass in dieser Eigenschaft bedeutende Befugnisse: Er empfing die fremden Gesandten und war das Organ des diplomatischen Verkehrs der Eidgenossenschaft mit den auswärtigen Mächten. Er konnte zur Herstellung der gefährdeten Ruhe Truppenaufgebote veranstalten und in Streitigkeiten der Kantone unter einander seine Vermittlung eintreten lassen. Seine Unterschrift verlieh den öffentlichen Ausfertigungen den Charakter von Nationalakten.

Die Tagsatzung zählte neunzehn Abgeordnete, somit deren eben so viele als es damals Kantone gab, jedoch so, dass der Vertreter einer die Zahl von hunderttausend Seelen übersteigenden Kantonalbevölkerung zwei Stimmen, der Abgeordnete einer geringern Seelenzahl nur eine Stimme abgab. So belief sich die Stimmenzahl der neunzehn Tagsatzungsabgeordneten auf fünfundzwanzig. Bern, Zürich, Graubünden, Waadt, St. Gallen und Aargau repräsentirten zwei Stimmen, die übrigen Kantone je eine.

Die Tagsatzung hat das Recht den Krieg zu erklären, über den Frieden zu unterhandeln und Bündnisse, Handelstraktate und Verkommnisse über den auswärtigen Dienst zu schliessen; ausserordentliche Gesandten zu ernennen, innere Streitigkeiten in letzter Instanz zu entscheiden etc.

Um die Einführung der neuen Ordnung der Dinge und die Sorge für die öffentliche Wohlfahrt vor dem Einfluss der Leidenschaften zu wahren, bestimmte der Vermittler von sich aus den Direktorialkanton für das Jahr 1803 und liess für jeden Kanton eine Commission ernennen, um die Verfassung in Ausübung zu setzen und das Land einstweilen zu verwalten. Die Commission für den Kanton Graubünden wurde bestellt durch:

Senator Sprecher als Präsident, den Napoleon selbst ernannte, Florian Planta, Statthalter Gaudenz Planta, Landrichter Franz Rüedi, Ex-Senator Vieli, Theodor Enderlin, Ex-Statthalter Gengel, Sohn.

Den 15. April trat die Verfassung in Kraft; den 1. Brachmonat 1803 die Tagsatzung in Thätigkeit.

Die Vermittlungsurkunde wird jeder Zeit als eine Schöpfung der Staatsweisheit ihres grossen Urhebers angesehen werden. Er hat mit bewunderungswürdigem Takt den historischen Ueberlieferungen des Schweizervolkes überhaupt und den tief gewurzelten politischen Anschauungen der einzelnen Kantonalbevölkerungen insbesondere Rechnung zu tragen, der stürmischen Auflehnung des Zeisalters gegen unwürdige Fesseln gerecht zu werden und eine gedeihliche Fortentwicklung der Republik für die Zukunft der Eidgenossenschaft unzubahnen verstanden. Das Mediationswerk hat sich vor Allem als eine Wohlthat für die unter dem Druck mittelalterlicher Feudalzustände befindliche Bevölkerung auf schweizerischem Gebiet erwiesen. Es gereicht ihm aber nur zur Ehre, dass es nicht das Gepräge seines revolutionären Ursprungs an sich trägt, sondern auf gesetzlichem Boden fusst und die Forderungen der Freiheit mit dem Gebote der Gerechtigkeit verbindet. Die Verfassung für Graubünden erklärt in ihrem fünften Artikel die Feudallasten zwar für aufgehoben, fügt aber in dem Schlussartikel dreizehn bei: Die Verfassung sichert das Recht, Zehnden und Bodenzinse loszukaufen. Das Gesetz bestimmt die Art des Loskaufes nach dem wahren Werthe dieser Beschwerden. Die Verfassung vom Jahre 1803 zog auch die ehemalige Herrschaft Haldenstein in ihren Bereich und löste ein ohnehin unhaltbares Verhältniss in einer für den Regenten und die Untergebenen gleich erspriesslichen Weise auf. Eine Zuschrift der höchsten Landesbehörde an die Gemeinde Haldenstein gibt hierüber den besten Aufschluss. Sie ist vom 19. Juni 1805 datirt und vom Präsidenten des Grossen Rathes, Joh. Theodor Enderlin, und dem Sekretär Baptista von Salis unterzeichnet und lautet wie folgt:

Wir, Präsident und Mitglieder des Grossen Rathes des Kantons Graubünden

urkunden und bescheinigen damit,

dass durch die unterm 19. Hornung 1803 von dem damaligen ersten Consul der fränkischen Republik ausgestellte Vermittlungsurkunde, sowie durch die Beschlüsse der durch eben diese Bundesakte in dem Kanton Graubünden ernannten Regierungskommission die Verhältnisse und Verfassung der ehrsamen Gemeinde Haldenstein und die Rechtsame, welche sie von Bekanntmachung jener Beschlüsse an, gleich den übrigen freien Gemeinden in Bünden zu geniessen hat, auf die Art und Weise festgesetzt worden, wie selbige in den nachstehenden, aus den oberwähnten öffentlichen Akten gezogenen, wörtlichen Auszügen enthalten sind:

Vermittlungsurkunde.
VII. Kapitel,
Verfassung des Kantons Graubünden.

Artikel 2. Haldenstein ist dem Hochgericht der vier Dörfer zugetheilt.

Artikel 3. Die ehemaligen Unterthauslandschaften werden so eingerichtet wie die, so unabhängig waren.

Beschluss der Regierungskommission vom 1. April 1803:

Artikel 15. In den bisherigen Herrschaften Dissentis, Sax, Rhäzüns, Leuenberg, St. Jörgenberg im Hochgericht Waltensburg, Reichenau, Haldenstein, auf dem bischöflichen Hof zu Chur, mit Vorbehalt der geistlichen Befugnisse, zu Obervatz und zu Tarasp, hören alle herrschaftlichen Rechte auf, so dass in Zukunft, laut der Mediationsakte, diese betreffenden Gemeinden ganz frei und unabhängig den Landammann, die Obrigkeiten, Seckelmeister und Weibel wählen, das jus fisci und überhaupt alle Rechte, wie andere Gemeinden, ausüben. Die Eidesleistung geschieht nur im Namen der Gemeinde, und in der Eidesformel wird alles dasjenige ausgelassen, was viel oder wenig auf Privilegien und Vorrechte Bezug haben mag. — Zugleich hören alle territoriale und gerichtliche Rechtsamen, wie auch das Collaturrecht, mit Ausnahme des bischöflichen, wo dieses bis jetzt statthatte, auf. — Hiebei ist das Eigenthumsrecht, Zinsen und Zehnden der Herrschaften ausdrücklich vorbehalten, doch sind die letztern loskäuflich.

Artikel 18. Die Gemeinde Haldenstein, von allen herrschaftlichen Rechtsamen befreit, wie im Artikel 15, ist durch die Mediationsakte dem Hochgericht der vier Dörfer einverleibt. — Demnach werden die Bürger dieser Gemeine auf die Landsgemeine mitberufen, um an den Wahlen Theil zu nehmen. Sie tritt in ihren politischen Verhältnissen zum Hochgericht der vier Dörfer und zur Besetzung der Hochgerichtsobrigkeit, in die gleiche Proportion wie Igis.

Haldenstein wählt seine Ortsobrigkeit und Vorsteher, wie die übrigen Gemeinden des Hochgerichts, und geniesst die nämlichen politischen Rechte.

Durch die Vermittlungsurkunde wurde Haldenstein dem Kanton Graubünden und dieser der Eidgenossenschaft einverleibt. Die neue Kantonalverfassung schloss sich möglichst an die ehemaligen, dem Volke liebgewordenen Staatseinrichtungen an. Sie behielt die Eintheilung des Landes in Bünde und dieser in Hochgerichte bei. Der Grosse Rath, welcher dreiundsechszig Mitglieder zählte, hatte die Gesetzesvorschläge zu hinterbringen, in Gemeindsstreitigkeiten abzusprechen, allfällige Abgaben unter die Hochgerichte zu vertheilen, die Tagsatzungsgesandten zu ernennen und ihnen bindende Instruktionen zu ertheilen. Der Kleine Rath, der aus den drei Bundeshäuptern bestand, war die höchste Administrativbehörde. Die ehrsamen Räthe und Gemeinden ertheilten den Gesetzen ihre Bestätigung und übten die oberste Gewalt in allen Landesangelegenheiten aus.

Die Mediationszeit. 1803—1815.

Diese Periode, welche die Brandfakel des Krieges beinahe in alle Länder Europa's schleuderte und den grössten Welterschütterer der Neuzeit bis zu seiner Katastrophe im ohnmächtigen Kampfe menschlicher Kraft mit der Allgewalt der Elemente, in unterbrochenem Siegeszuge in Italien, Preussen, Spanien, Oesterreich alte Herrschersitze umstürzen und neue gründen, Völker darniederwerfen und mächtige Dynastien zu willenlosen Werkzeugen despotischer Willkür herabwürdigen sah, brachte der Eidgenossenschaft überhaupt und dem Kanton Graubünden ins Bebesondere eine Reihe friedlicher Jahre mit den Segnungen gedeihlicher Entwicklung auf allen Gebieten der öffentlichen Verwaltung. Das segensreiche Nationalwerk des Linthunternehmens und die grossartigen Anstrengungen zur Linderung der Katastrophe von Goldau; die vielen Opfer zur Hebung des Erziehungswesens und die Gründung zahlreicher Lehranstalten, in Bünden der Kantonsschule als Mittelpunkt der Bildung für diesen Landestheil, die Pflege der Wehrkraft und Regelung der Maassnahmen für die öffentliche Sicherheit sind eben so viele Lichtpunkte der denkwürdigen Mediationszeit.

Die Zertrümmerung der französischen Heeresmacht durch den Brand von Moskau, die Winterschrecken und öden Steppen Russlands im Jahre 1812, der Sieg der Verbündeten in der

Riesenschlacht bei Leipzig (1813) und die darauf erfolgte Invasion fremder Heere in Frankreich bewirkten unter dem Einflusse der Mächte und der unverhohlenen Beistimmung eines ansehnlichen Theiles des Schweizervolkes, namentlich in den Bergkantonen, die Aufhebung der Mediationsakte und die Wiederherstellung des alten Rechtszustandes und seiner Einrichtungen von 1792, vermochten aber die veralteten unrepublikanischen Unterthanenverhältnisse nicht wieder zur Anerkennung zu bringen. Unter den heftigsten Reibungen zwischen den alten und neuen Kantonen kam dann durch die Berathungen der „langen Tagsatzung" vom 6. April 1814 bis zum 31. August 1815 und durch die Bemühungen der von ihr aufgestellten diplomatischen Kommission, unter Mitwirkung der im Lande residirenden fremden Gesandten nach dem bleibenden Sturze Napoleons durch den Sieg bei Belle-Alliance eine neue Bundesverfassung zu Stande, welche die Genehmigung jenes Wienerkongresses erhielt, der der Eidgenossenschaft drei neue Kantone: Wallis, Genf und Neuenburg beigesellte, von Graubünden aber die Thalschaft Veltlin mit den beiden Grafschaften Bormio und Cläven losriss. Mag die Mediation, welche dem Lande durch einen Gewaltakt von Aussen her aufgedrungen war und infolge des erzwungenen Bündnisses mit Frankreich jährlich Tausende aus der Eidgenossenschaft unter die fränkische Fahne rief, um sie auf dem Schlachtfelde verbluten zu lassen, zu gerechten Abneigungen Anlass gegeben haben; leugnen lässt es sich nicht, dass der Fünfzehnerbund theilweise nicht frei von diesen Mängeln war, keinen Vergleich mit den Vorzügen der Verfassung vom Jahre 1803 aushält und als das todtgeborne Produkt der Reaktion anzusehen ist.

Der Umsturz der Vermittlungsakte und die Einführung der neuen Staatsverfassung für die Eidgenossenschaft gingen auch in Bünden keineswegs ruhig von Statten. Sie entzündeten heftiger als je den alten Parteihader wieder, versetzten das ganze Land in stürmische Aufregung und drohten für die Bünde überhaupt und Haldenstein ins Besondere verhängnissvoll zu werden. Eine kurze Darstellung jener Vorgänge an der Hand der einschlägigen Landesprotokolle mag dem Leser einen Einblick in die damalige Zeitlage gewähren *):

---
*) Protokoll vom Jahre 1814 Januar, p. 8.

Infolge der Besetzung der Eidgenossenschaft durch die Truppen der Alliirten wurde die Vermittlungsurkunde für aufgehoben, der darauf geleistete Eid für erloschen und die vor 1792 bestandene Kantonalverfassung, „immerhin unter Vorbehalt zeitgemässer Verbesserungen", wieder in Kraft erklärt. „Alle seitherigen Allianzen und Verträge sollen aufgehoben und der Freistaat Graubünden wieder hergestellt sein und dieser Entschluss den verbündeten Mächten durch eine besondere Abordnung angezeigt und Höchstdiese ersucht werden, uns dabei zu schützen und unsere Freiheit und Unabhängigkeit zu garantiren". Graf Johann von Salis-Soglio wurde mit dieser Mission beauftragt. Mit diesem Beschlusse kamen alle mit Einführung der Mediationsakte verbundenen Verordnungen, somit auch die Einverleibung Haldensteins in den Verband der drei Bünde und der vier Dörfer in Frage. Letztere schienen mit dem herrschaftlichen Zuwachs nichts weniger als zufrieden zu sein und sehnten sich nach Auflösung der nothgedrungen eingegangenen Ehe. — „Auf die Anfrage der Herren Deputirten der vier Dörfer, wie es mit der Gemeinde Haldenstein zu halten sei", wurde in einer ausserordentlichen Sitzung der Landesabgeordneten erkannt, „dass diese Gemeinde so wie andere (Trins, Rhäzüns etc.), die in gleichem Falle sich befinden, indessen in den gleichen bisherigen Verhältnissen bis zum ordentlichen Bundestage verbleiben sollen. — Allfällige Anstände in den betreffenden Hochgerichten dagegen sollten „die Herren Häupter" auf dem Wege der Minne zu heben suchen.

„Nach den den 15. Februar 1814 in vollzähliger Grossrathsversammlung klassifizirten Mehren (Stimmabgabe) löblicher Räthe und Gemeinden sprachen sich einunddreissig Stimmen für unveränderte Wiedereinführung der alten Verfassung aus; der Antrag nach zeitgemässen Modifikationen erhielt dreissig Stimmen; für einstweilige Verwerfung desselben erklärten sich nur zwei Stimmen, die von Puschlav und Brusio im Hinblick auf die Feststellung der Verhältnisse zur Eidgenossenschaft. Für Beschickung der eidgenössischen Tagsatzung entschied sich nur eine geringe Mehrheit mit sechsunddreissig Stimmen gegen fünfundzwanzig nebst einer unbestimmten und einer bedingten. — Die Alliirten, resp. ihre Gesandten übten einen Druck auf die freie Bewegung der Diskussion in den berührten Angelegenheiten aus, indem sie in einem besonderen Erlass das Verbot auftauchender politischer

Flugschriften veröffentlichten. Bünden besetzte die Grenzgemeinden und that die nöthigen Schritte bei den Ministern der Alliirten zur Wiedererlangung des Veltlins. Nach dem Protokoll vom 22. Februar 1814 erhob die Gemeinde Haldenstein „beschwerende" Vorstellungen bei der hohen Behörde über ihre Trennung von dem Hochgericht der vier Dörfer. Nach Verlesung derselben „brachte der Herr Graf Franz Simon von Salis die erforderlichen Erläuterungen über den Hergang der Sache bei und las Namens des katholischen Theils der vier Dörfer eine Protesta gegen die Wiedervereinigung von Haldenstein mit dem Hochgericht vor, wogegen Landammann Dolf von Igis im Auftrag der evangelischen Bevölkerung des Hochgerichts zu Gunsten von Haldenstein in einer der Behörde vorgelegten Einlage sich warm verwendete."

Im Ausstand beider Deputirten beschloss der Grosse Rath: dass Haldenstein einstweilen noch in der vorigen Verbindung mit den vier Dörfern zu verbleiben habe, die Herren Häupter *) aber eine Vermittlung mit angemessener Rücksicht auf die Religionsverhältnisse zu bewirken suchen sollen.

1814, den 2. Juli: Die Gemeinde Haldenstein hatte dem Beschluss des letzten Bundestages zuwider von den Versammlungen und Berathungen des Hochgerichts der vier Dörfer ausgeschlossen werden wollen und es war ihr daher auch das Ausschreiben vom letzten Juni behufs „ihres Mehrens" die Besitznahme der abgerissenen italienischen Provinzen betreffend, vom Amtslandammann nicht mitgetheilt worden. — Auf eingereichte Beschwerde hatte Haldenstein das berührte Ausschreiben von den Landeshäuptern mit der Weisung erhalten, darüber eine Abstimmung vozunehmen und deren Ergebniss dem Amtslandammann der vier Dörfer einzusenden und abweisenden Falles es der hohen Behörde selbst einzureichen. Da der vorgesehene Fall wirklich eingetreten war, so wurde „das Mehren" von Haldenstein von Seite der hohen Häupter der Versammlung des Grossen Rathes vorgelegt. Amtslandammann Richard Dolf und Amtsammann Fuchs erhoben Namens ihres Hochgerichts dies Mal entschiedenen Protest gegen

---

*) Es waren die drei Vertreter der rhätischen Bünde: des oberen, des Gotteshauses und der zehn Gerichte. Sie bildeten die oberste administrative oder ausführende Kantonalbehörde, wie jetzt der Kleine Rath.

die Vereinigung Haldensteins mit demselben und die davon abgeleiteten „Amtshandlungen", zumal der betroffenden Bevölkerung „dieser neue Genosse ohne Begrüssung ihrer Vertreter aufgedrungen worden sei," wobei namentlich katholischerseits konfessionelle Bedenken betont wurden.

1814, den 18. November*): Auf ergangene Einladung erschienen zahlreiche Deputationen der vier alten und der jüngsten Gemeinde des Hochgerichts, jene mit Landammann von Jost von Zitzers, diese mit Herrn Baptista von Tscharner als Anwalt vor den Schranken des Grossen Rathes zur endgültigen Regelung der hochgerichtlichen Stellung von Haldenstein und wurden gemeindweise zur Vernehmlassung ihrer Entschliessungen aufgefordert.

Die namentlich von der katholischen Mehrheit in Zitzers, Trimmis und Untervatz angefochtene Einverleibung von Haldenstein in den vierörtlichen Hochgerichtsverband wurde von dem Grossrathspräsidenten mit der Erklärung festgehalten, dass die ehemalige Herrschaft durch die Mediationsakte aufgehoben, mit den vier Dörfern vereinigt und durch grossräthlichen Beschluss und die eingegangenen „Mehren" der löblichen Räthe und Gemeinden auf's Neue als fünftes Glied des Hochgerichts erklärt worden sei und mithin auch in dieser Eigenschaft zu verbleiben habe. Die Deputirten der vier Dörfer wollten dann Haldenstein im Fall der Einverleibung vom Mitgenuss an den Eigenthümlichkeiten des Hochgerichtes ausgeschlossen und in Betreff der Vertretung bei gemeinschaftlichen Amtsbesetzungen auf ein Sechszehntel angewiesen wissen.

Tscharner drang auf ein Siebentel in Rechten und Lasten zu Gunsten seiner Clienten; er wies auf die bereits über zehnjährige Vereinigung von Haldenstein mit den vier Dörfern und die infolge derselben vorgenommene Abänderung des Hochgerichtssigels hin. Er legte gegen die der Gemeinde zugedachte unverhältnissmässige Beschwerung Verwahrung ein, forderte für Haldenstein „eine politische Existenz" und wollte seine Bevölkerung gegen künftige Beeinträchtigungen beschützt wissen. — Katholischerseits wurde sodann auf „Parität der Religionen" d. h. auf Gleichbetheiligung der beiden Confessionen in der Besetzung der Hochgerichtsbehörden gedrungen.

*) Vide Protokoll, p. 189.

Haldenstein stellt dann nach Rechten und Lasten in erster Linie auf ein Siebentel und im schlimmsten Falle auf ein Achtel ab, verlangt nach Maassgabe seiner Einwohnerzahl berücksichtigt zu werden und lässt sich gegen die beantragte Betheiligung nach einem Sechszehntel des Entschiedensten vernehmen. Landammann Jost schliesst mit der Erklärung, dass die Gemeinden Zitzers, Trimmis und Untervatz die den vier älteren Gemeinden zustehenden Utilitäten diesen auch ausschliesslich vorbehalten wissen wollen, während die (reformirte) Gemeinde Igis sich zum Einkauf von Haldenstein geneigt erklärt.

Mit dreiundvierzig Stimmen erklärte dann der Grosse Rath: „Die Gemeinde Haldenstein ist und bleibt auf immer dem Hochgericht der vier Dörfer einverleibt und es kann hiegegen weder jetzt noch jemals keine Protesta angenommen oder eine Einwendung erregt werden." Gestützt auf ein Kommissionalgutachten wurde dann das ganze Hochgericht in zwölf Theile eingetheilt, Untervatz allein und Zitzers „mit Berg" (Mastrils), Trimmis mit Says je drei, Igis mit Marschlins zwei und Haldenstein ein Zwölftel zugesprochen. Diese Antheilsverhältnisse in Rechten und Lasten oder Verpflichtungen wurden für die Dauer von zwanzig Jahren für unveränderlich erklärt und der Einkauf Haldensteins in den Mitgenuss an den Hochgerichtsutilitäten und Rechten auf Gulden zweihundert zu Gunsten der vier älteren Gemeinden angesetzt. — Bei Besetzung der Appellationsbehörde und des Amtleutenausschusses wurde die Achttheilung angenommen und bei allfällig allgemeinen Geldleistungen der viertheilige Fuss zur Grundlage bestimmt und beschlossen, dass Zitzers, Trimmis und Untervatz für je einen und Igis und Haldenstein zusammengenommen auch für einen Theil in Mitleidenschaft gezogen werden sollten. Man hätte sich nun wohl der festen Hoffnung hingeben sollen, dass des Streites und Zankes genug gewesen und der endlich erzielte Friede von Dauer sein werde. Die ehemaligen Herrschaftsleute sollten aber noch einmal in der in saurem Kampfe errungenen politischen Stellung bedroht werden.

Den 8. Juni 1815 entstanden, von Zitzers angeregt, Streitigkeiten wegen Abordnung „des Beiboten", worauf jene Gemeinde im Widerspruch mit der grossräthlichen Schlussnahme vom Nov. 1814 Anspruch machte, aber laut Beschluss der hohen Versammlung in ihrer Sitzung vom 8. Juni zu Gunsten der Gemeinde Igis zurücktreten musste und beinahe mit einer Geldbusse belegt worden wäre. Das waren die letzten Wirren jener aus ökonomischen und vornämlich konfessionellen Gründen durch Aufnahme Haldensteins in das Hochgericht der vier Dörfer hervorgerufenen Anstände. — Die Herrschaftsleute hatten eine lange Reihe von Jahrhunderten in den beengenden Verhältnissen der mittelalterlichen Feudalverfassung zugebracht. Die politischen Zustände der benachbarten Bünde und namentlich der allenthalben wachgewordene Drang nach Freiheit im achtzehnten Jahrhundert hatten der Bevölkerung von Haldenstein den Einblick in ihre staatlichen Verhältnisse aufgeschlossen und ihr das Verlangen nach einer angemessenern politischen Existenz eingeflösst. Diesem Verlangen, das sich gar häufig über die vom Gesetz und den Forderungen des Rechtes gezogenen Schranken verirrte, kamen die Stürme der französischen Revolution mit der Hoffnung auf erwünschte Befriedigung entgegen. Die Helvetik riss die Gemeinde Haldenstein im Jahre 1801 von der Botmässigkeit des Freiherrngeschlechtes gleichen Namens ohne Berücksichtigung altangestammter Rechte plötzlich los und erklärte sie als unabhängige Munizipalität des Distrikts Plessur im helvetischen Kanton Rhätien. Die Mediationsakte ehrte die Eigenthums- und Grundrechte der ehemaligen Herrschaft, verordnete einen vom Gesetz bestimmten, dem wahren Werth früherer Verpflichtungen entsprechenden Loskauf der Untergebenen und erklärte diese zu vollberechtigten Gliedern der drei Bünde und der Eidgenossenschaft. Der Fünfzehnerbund bedachte die Angehörigen der ehemaligen kleinen Monarchie am rhätischen Rheinstrom mit allen Vorzügen und Mängeln eines föderalistisch-republikanischen Staatsverstandes in alt fry Rhätien und der schweizerischen Eidgenossenschaft.

Das also war das Ergebniss, welches von den ehemaligen Herrschaftsleuten zu Haldenstein durch die ein volles Jahrhundert hindurch im Stillen gährende Opposition und wiederholte offenkundige Auflehnung, durch Anrufung einer rücksichtslosen Intervention durch die Bünde von Seite der Schlossherrn, vor Allem aber durch die Macht der Zeitumstände erzielt wurde.

Am Schlusse dieses Abschnittes erübriget uns noch in einigen flüchtigen Zügen der letzten Schicksale des vor wenigen Dezennien in männlicher Linie erloschenen Freiherrngeschlechtes Salis-Haldenstein zu gedenken. Der letzte, welcher die Freiherrnwürde in der ehemaligen Herrschaft Haldenstein bekleidete, war wie Oben berührt, Johann Luzius von Salis. Er war im Jahr 1775 seinem Vater Thomas gefolgt und trat nach Aufhebung und Loskauf der Herrschaftsrechte von Seite der Gemeinde infolge der Mediationsakte im Jahr 1803 von der Regierung zurück. Er war den 9. Christmonat 1746 geboren, hatte nach herkömmlicher Uebung bei den rhätischen Edelleuten in damaliger Zeit mehrere Jahre in auswärtigen Militärdiensten zugebracht und vor seiner Rückkehr in die Heimath den Rang eines französischen Oberstlieutenants bekleidet. Er lebte seit dem Jahre 1803 als Privatmann auf seinem Edelsitz zu Haldenstein. Kurz vor seinem Tode traf die Gemeinde Haldenstein im Jahre 1825 ein entsetzliches Unglück. Sie brannte mit Ausnahme weniger Gebäulichkeiten ganz ab; das Schloss blieb von den Flammen verschont und bot mit seinen bedeutenden Räumlichkeiten einem ansehnlichen Theile der unglücklichen Abgebrannten gastfreundliche Aufnahme. So weilten der Freiherr und seine ehemaligen Untergebenen bis zur Wiederherstellung des eingeäscherten Dorfes unter einem Dache. Hatten politische Stürme sie vor ein paar Jahrzehnten gewaltsam auseinander gerissen; das Unglück einigte sie wieder; waren die Gemüther der Unterthanen und des Gebieters durch den Druck eines unhaltbaren Verhältnisses zum Oefteren einander entfremdet worden; die Katastrophe vom Jahr 1825 war geeignet, die Unbilden der Vergangenheit vergessen zu lassen und dem abgetretenen Freiherrngeschlecht in manchem Herzen ein dankbares Andenken zu gründen. Den 11. August 1827 ging Johann Luzius von Salis-Haldenstein mit Tod ab. Mit Johann Luzius dem Ersten war das Geschlecht Salis-Maienfeld in den Besitz der Herrschaft Haldenstein gelangt, unter dem Zweiten gleichen Namens hörte die Freiherrnwürde mit der Einverleibung der Gemeinde in die rhätische Republik nach zweihundertjährigem Bestande auf immer auf.

Freiherr Johann Luzius hatte drei Brüder: der älteste, Rudolf, den 26. Mai 1750 geboren, war schon den 22. August 1781 in der vollen Kraft des Mannesalters gestorben. Baron Rudolf von Salis hatte in holländischen Diensten Majorsrang erhalten und sich nach seiner Rückkehr in die Heimath mit grosser Vorliebe historischen Studien hingegeben. Er ist ein sehr fruchtbarer Schriftsteller gewesen, hat aber unseres Wissens weder bei Lebzeiten selbst Etwas veröffentlicht, noch ein Anderer nach dem Tode des Verfassers, ausser dem „Versuch bündnerischer Lieder", Chur 1781, irgend eine seiner zahlreichen, im Manuscript hinterlassenen Schriften im Drucke herausgegeben. Der strebsame junge Mann hat bekanntlich die Haldensteiner Chronik von den ältesten Zeiten bis auf seine Tage fortgeführt, eine „Rhætia illustrata" und „litteraria" geschrieben, Hand an die Fortsetzung der Bündnergeschichte im Anschluss an Campell, Sprecher, a Porta, Ardyser etc. gelegt, eine „Reisebeschreibung durch das Ober- und Unterengadin" geliefert und sich auf dem Gebiete der Dichtkunst versucht. Die Liedersammlung, in welcher der Verfasser die wackeren Lungnetzerweiber (1352), den Helden Gebhard Wilhelm von Remüs, die Engadinerfrauen im Schwabenkrieg (1499), verdiente Bündner späterer Zeit, besonders aus dem Geschlechte von Salis etc. besingt, ist sehr selten geworden und dürfte kaum mehr erhältlich sein. Die Rhætia illustrata enthält die Lebensbeschreibung einer bedeutenden Anzahl namhaft gewordener rhätischer Staatsmänner und Militärpersonen und in der Rhætia litteraria werden nahezu tausend einheimische nebst fremden Schriftstellern die über Bünden geschrieben haben, mit einem kurzen Abriss ihres Lebens und der Angabe ihrer Schriften aufgeführt. Das bedeutende und gewiss werthvolle Material, welches der unermüdliche Mann für die neuere Bündnergeschichte gesammelt hatte, scheint leider abhanden gekommen zu sein. Wenn man den kurzen Lebenslauf bedenkt, der Rudolf von Salis beschieden war, seinen längeren Aufenthalt in auswärtigen Militärdiensten und die doch wohl eher karg zugemessene Bildungszeit des Mannes berücksichtigt, so legen die berührten schriftstellerischen Leistungen für seine Bestrebungen wie für seine geistige Begabung ein gleich günstiges Zeugniss ab. Mag Baron Rudolf auch in dynastischen Vorurtheilen seines Standes befangen gewesen sein, von denen seine Ahnherren Johann Luzius I. und dessen Sohn Gubert frei waren [*]), so erscheint er keineswegs blind gegen allfällige Uebergriffe und

---

*) Vergleiche p. 95 und 96.

Ungebührlichkeiten von Seite der freiherrlichen Regenten und deren Umgebung zu Haldenstein; sein Urtheil ist gerecht, oft derb und einschneidend, sein Blick klar und sein Sammlerfleiss mitunter staunenswerth. Der Mann stand hoch über den Kreisen des Gewöhnlichen; sein gar zu frühzeitiger Tod kann nur als ein empfindlicher Verlust namentlich für die Erforschung der rhätischen Geschichte beklagt werden!

Andreas von Salis-Haldenstein, zweitältester Bruder des Vorigen hatte mit ihm in Holland gedient, liess sich nach seiner Rückkehr in die Heimath zu Maienfeld nieder, wo sein Geschlecht verbürgert war, bekleidete daselbst das Amt eines Stadtvogtes und starb den 29. März 1837 wie seine beiden älteren Brüder ohne Leibeserben.

Der jüngste unter den vier Söhnen des Freiherrn Thomas war Baron Gubert Dietegen von Salis-Haldenstein. Er erblickte den 28. November 1754 das Licht der Welt, brachte mehrere Jahre in dem bündnerschen Regimente von Salis-Marschlins in französischen Militärdiensten zu, war bei der Abdankung desselben im Jahre 1792 zum Hauptmann emporgestiegen, kehrte dann den Greueln des von den furchtbarsten Revolutionsstürmen erschütterten Landes den Rücken und eilte in seine rhätische Heimath, wo er den 28. November 1831 in dem Schlosse zu Haldenstein sein Leben beschloss. Seine Ehe war die einzige, welche mit Nachkommenschaft gesegnet wurde. Er hinterliess eine Tochter Maria Magdalena, welche später als Freiin und Erbtochter zu Haldenstein die Gemahlin des als Major aus holländischen Diensten getretenen Herrn Hector von Salis-Soglio wurde und als einziger Spross des ehemaligen Freiherrngeschlechtes zu Haldenstein, heute noch auf dem väterlichen Edelsitz in der frühern Herschaft seit dem Jahre 1858 im Wittwenstande lebt. Einst in der Blüthe und Lebensfülle der Jugend von dem geschätztesten einheimischen Schriftsteller den gefeiertsten Töchtern des Landes beigezählt *), weilt sie eine ehrwürdige Matrone noch gesund und rüstig als glückliche Mutter und Grossmutter im Kreise einer ehrerbietigen Kinder- und muntern Enkelschaar der Stunde gewärtig, da auch

---

*) Zschokke „Selbstschau", neueste Ausgabe, p. 113.

sie dem allgemeinen Loose folgend die letzte ihres Geschlechtes hinüberwallen wird in die ewige Heimath. Damit am Schlusse des ersten Abschnittes unserer geschichtlichen Darstellung angelangt, lassen wir den zweiten folgen:

II.
Von den Gebietern und Unterthanen der ehemaligen Herrschaft.

Wir suchen uns in einigen Zügen ein Bild der bürgerlichen Stellung zu verschaffen, welche die Freiherren und ihre Untergebenen zu Haldenstein einnahmen. Das freiherrliche Geschlecht hatte sowohl in staatlicher als kirchlicher Beziehung besonderer Auszeichnung, bedeutender ökonomischer Vortheile und grosser herrschaftlicher Befugnisse gegenüber der Gemeindsbevölkerung sich zu erfreuen.

Bekanntlich hat Jahrhunderte lang auf einem bedeutenden Theil der Herrschaftsleute zu Haldenstein sogar der Druck der Leibeigenschaft gelastet. Wie und wann diese unwürdigste aller Feudallasten in der ehemaligen Herrschaft entstanden, lässt sich aus Mangel an zuverlässigen Aufschlüssen mit Gewissheit nicht bestimmen. Von unzweifelhaften historischen Urkunden verlassen, betreten wir das schlüpfrige Feld der Vermuthung und wir dürfen es in diesem Falle um so unbedenklicher thun, als das Ergebniss, welches die Hypothese liefert, der Wahrscheinlichkeit so ziemlich nahe kommen möchte. Wir haben schon im ersten Theile nachgewiesen, dass die ehemaligen Burgen auf dem Gebiete der Gemeinde Haldenstein deutschen Ursprungs gewesen und zur Zeit des sächsischen, fränkischen oder hohenstaufischen Kaisergeschlechtes von auswärtigen Ansiedlern behufs Offenhaltung der Pässe aus Deutschland nach Italien erbaut wurden. Die auf kaiserliche Anordnung am Galanda angesessenen Edeln mögen dann auf dem Wege der Gewalt, möglicher Weise durch Schenkung von Seite des Reiches und seines Hauptes oder auch durch den Drang der Verhältnisse, welcher dem auf sich allein angewiesenen Privatmann die Behauptung der Freiheit unmöglich machte, die ursprüngliche Bevölkerung in Eigenleute umgewandelt haben. Diese gehörten Allem nach der romanischen Zunge an, wie denn noch gegen Ende des achtzehnten Jahrhunderts der südliche, an das

Schloss stossende Theil der Gemeinde das welsche Dorf genannt wurde. Auf die romanische Abstammung der ursprünglichen Angehörigen der Herrschaft weisen vor Allem die heute noch gebräuchlichen romanischen Bezeichnungen von Alpen, Gütern, Bergen, Flüssen hin. Wir führen beispielsweise die Benennungen: prà d'Ora, prà d'Isla, prà d'Vall, Fontanoillas, Fopp, Silvanera, Cavrils, Gotschnêr, Miradella, Plattawida, Palun, Schalietz etc. an. Die leibeigene Bevölkerung scheint überdies vorzugsweise durch romanische Geschlechtsnamen vertreten gewesen zu sein. Wir heben daraus die Namen: Pitschen, Cristan, Digli, Janutt, Felix, Tönier, Lütscher, Liver, Gudeng etc. hervor. Die im Gefolge der Schlossherrn angekommenen deutschen Ansiedler mochten vorwiegend den freien, die vorgefundenen romanischen Bewohner der Gegend meist den leibeigenen Theil der Bevölkerung ausmachen. Beide Bestandtheile, Freie und Leibeigene verschmolzen im Laufe der Jahre zu einer Gemeindscorporation von freilich verschiedenen Rechten und Pflichten.

Wie anderwärts so waren die Leibeigenen auch in der Herrschaft Haldenstein an die Erdscholle gebunden und durften sich nicht ohne Einwilligung des Herrn an andern Orten niederlassen; sie waren auch sonst in ihren persönlichen Rechten beschränkt, zur Entrichtung des Leibgeldes, Besthauptes, d. h. des besten Stückes aus dem Mobiliar oder Viehstand beim Ableben von Familiengliedern, namentlich des Hausvaters, verpflichtet etc. In der Huldigungsurkunde, welche beim Antritt der Herrschaft durch Carl von Hohenbalken im Jahre 1567 abgefasst wurde, kommen hierüber folgende Bestimmungen vor: „Was der Herr für Eigenlütt (Leibeigene) hat, ist ein Jeder schuldig, alle Jahr eine Fastnachthenne (Leibgeld) zu geben, der doch ussgenommen dasselbige Jahr eine Kindbetterin in synem Huss hat, ist die Fastnachthenne dasselbige Jahr zu geben erlassen".

Staatskluge Berechnung hat es aber mit sich gebracht, dass die Eigenleute wenigstens in einer und zwar keineswegs unwichtigen Angelegenheit einen für den freien Theil der Bevölkerung höchst peinlichen Vorzug besassen. Bei der Wahl der sogenannten niedern oder Civilobrigkeit wirkten sämmtliche Unterthanen, Freie und Leibeigene mit. Sie hatten das Recht, dem Freiherrn drei aus ihrer Mitte zu bezeichnen, aus denen er Einen zum Vogt erkor. Die Vorgeschlagenen durften aber laut ausdrücklicher Vorschrift keine Andern als Leibeigene sein. Ein Leibeigener war mithin Gemeindsvorsteher und in dieser Eigenschaft das einflussreichste Mitglied der Obrigkeit.

Wir theilen aus dem Kaufbrief vom Jahre 1494 bei Uebergabe der Herrschaft an Heinrich Ammann von Chur und aus der Oben berührten Huldigungsacte, der ältesten, die Näheres hierüber berichtet, eine übersichtliche Zusammenstellung der herrschaftlichen Rechtsame in früherer Zeit mit: „Erstlich gehört dem Herrn hoch und nieder Gericht, dann Wildpan, Gejegt und Vederspyl (hohe und niedere Jagd), Fischenzen sammt allen Freihêiten und Gerechtigkeiten, Pott und Verpott, und alle Frevel und Pennen (Bussen), Tagdiensten und Vellen (Gebühren), Gelästen, grossen und kleinen Zehnten; auch gehört dem Herrn die Appellatz, so dass Gricht zu Haldenstein nicht einhellig ist und der Appellirende drei Stimm uff sinner Syt hat." Im Mittelalter war die Ausübung der Jagd und Fischerei oder der Schiess- und Fischgerechtigkeit ausschliesslich Sache der höheren Stände oder mancherorten wie in Haldenstein das Vorrecht des Landesherrn. Die Uebertretung namentlich des Jagdverbotes von Seite der davon ausgeschlossenen Bevölkerung wurde mit den rücksichtslosesten, mitunter grausamsten Strafen belegt und konnte besonders im Wiederholungsfalle Gütereinziehung, Leibeigenschaft, Einkerkerung, ja sogar Verstümmelung und Tödtung nach sich ziehen. — Die Tagdienste oder Tagwen waren Frohnarbeiten, welche an bestimmten Tagen der Woche auf den Gütern des Herrn (Frohn) unentgeltlich von den Unterthanen geleistet werden mussten. — Die Frevel und Pennen, d. h. die wegen begangener Gesetzesübertretungen verhängten Strafgelder, fielen dem Herrn zu und mochten einen wenn auch gehässigen so nicht unbeträchtlichen Theil der herrschaftlichen Einnahmen ausmachen.

Indem wir die Darstellung der gerichtlichen Einrichtungen und anderweitigen Statuten einem besonderen Abschnitt zuweisen, lassen wir im Anschluss an obige Aktenstücke nach den vor uns liegenden Angaben, die aus späterer Zeit herrührend bis zur Aufhebung der Herrschaft in Kraft blieben, eine kurze Zusammenfassung der sogenannten Regalien oder der Einnahmen der

Herrschaft und der Lasten der Untergebenen folgen. Dahin gehörten:

1. Fünfprozent des Gesammtvermögens bei Uebersiedlung oder Verheirathung der Herrschaftsangehörigen auf das Gebiet der drei Bünde und eine höhere Abgabe, deren Bestimmung dem Ermessen des Herrn anheimfiel, bei Auswanderung in die Fremde.

2. Männer- und Weibereinkäufe fielen zur Hälfte dem Freiherrn und zur Hälfte der Gemeindskasse zu.

3. Drei Quartanen Korn Zehntgebühr nebst fünfzehn Kreuzern Bodenzins von jedem auf herrschaftlichem „Zwing und Gebieth" gelegenen Mal Acker von 250 Klaftern, wogegen „Allmeinden und Rütenen" *) abgabenfrei ausgingen.

4. Der Weinzehent, welcher „unter der Rinnen im Torkel" erhoben wurde.

5. Vierundzwanzig Kreuzer Bodenzins von jeder Manasmahd (was ein Mann in einem Tag mäht) von sechshundert Klaftern fetter und sechszehn Kreuzer magerer Wiesen mit Ausschluss der Gemeingüter und „Löser", die für zinsfrei erklärt werden.

6. Für das Gebiet Fontanoillas bezieht der gnädige Herr sieben Gulden Bodenzins.

7. Ein Biner Molken jährlich, d. h. der Ertrag von zwei Maass Milch an Produkten der Alpwirthschaft in Käse, Butter etc. für das sogenannte Vogelmahl. Diese Leistung wurde in früherer Zeit wohl nur ausschliesslich von den Leibeigenen gefordert und bestand in Futterlieferung für die auf die Kleinjagd abgerichteten und verwendeten Vögel, wurde aber, als diese Verwendungsweise infolge der Erfindung des Schiesspulvers ausser Gebrauch fiel, in obige Naturalabgabe umgewandelt und von allen Herrschaftsleuten entrichtet.

8. Ein Fuder „s. h. Bauw" (Dünger) von jeder Haushaltung „mit eigenem Füer und Liecht" in einem „ordinary bauchigen Bautrog ohne Eintreten mit einem Paar Ochsen zu führen." Aermere Familien ohne eigenen Viehstand entrichteten den Werth eines Gulden in Geld oder Arbeit.

9. Zwanzig Krinnen Butter nebst fünf Gulden an Baar und eine Krinne von jeder ganz „gemessenen" und eine halbe Krinne

---

*) D. h. brach liegender und urbarisirter Gemeindsboden.

von einer „halbgemessenen Kuh" aus der Alp. Dagegen war der Freiherr verpflichtet den Alpenkessel auf „eigene Gfahr und Wag" zu halten, nach der Alpentladung zu versorgen und im Falle der Unbrauchbarkeit mit einem neuen zu ersetzen.

10. Ein Kabisloos für den kleinen Zehnten, „weil Niemand weiss, worin er besteht."

11. Verpflichten sich die Unterthanen laut ihrem Eid, „wo dem Herrn Schaden geschieht, dasselbe zu wenden zu guten Treuwen best ihres Vermögens und wenn Frömde wären, die sich ungebürlich hielten, sollend dieselbige thun zu vertrösten*) und angehends anzeigen." Dazu kamen, wie bereits Oben berührt wurde, noch Frohndienste, wobei ausdrücklich bemerkt wird: „mit dem Schaffen will ein gnädiger Herr die Gemeinde wider die Gebühr nicht beschweren, sondern allweg die Gebühr observiren."

12. „Kirchensatz, d. h. Pfarrwahl, beschieht von der gnädigen Herrschaft, nur dass der Unterthanen Heil nebst dem Ihrigen beobachtet werden. Kirchenvogt und Messmer aber soll mit Rath der Nachbarschaft gesetzt werden." Dagegen war der Herr gehalten, einem in der Gemeinde wohnenden Pfarrherrn „einen kommlichen (in brauchbarem Zustande befindlichen) Stall" ohne Entschädigung von Seite der Gemeinde zur Verfügung zu stellen.

Die freiherrliche Familie befand sich indess nicht blos im Genuss mannigfacher ökonomischer Vortheile und politischer Privilegien; sie wurde auch von Seite der Kirche vielfach vor der übrigen Bevölkerung ausgezeichnet. Die Taufen der herrschaftlichen Kinder wurden an besonderen Wochentagen durch Predigt und öffentlichen Gottesdienst gefeiert. Seit der Erhebung der Herrschaft zu Haldenstein in den Freiherrnstand wurden die regierenden Freiherrn und Freifrauen bei ihrem Ableben von Mitgliedern des Rathes der Stadt Chur, unter Beisein des Amtsbürgermeisters und sämmtlicher Rathsherrn in Mantel und Kragen von dem Schloss bis auf den Friedhof getragen und dann von der Ortsobrigkeit beigesetzt. Die Herrschaft besass in früherer Zeit ein eigenes Gewölbe in der Kirche, in dem ihre Angehörigen ihre Begräbnissplätze hatten. Ein Salis, der Freiherr Gubert ist es gewesen, der bei dem Bau der neuen Kirche im Jahre 1732

---

*) In Anklagestand versetzen.

die Verordnung traf, dass die Glieder der herrschaftlichen Familie in der Folge nicht mehr in der Kirche, sondern gleich Andern auf dem Friedhofe bestattet werden sollten, „sintemal die Erde überall des Herrn ist." Unser Chronist lässt sich freilich desshalb über seinen hohen Vorfahren in eben nicht schmeichelhafter Weise vernehmen; er leitet sein Verfahren aus einer falschen, eiteln Demuth her und sagt: „Er und seine Gesinnungsgenossen dachten nicht, dass ihr Stand einige an sich selbst eitle Vorzüge beibehalten müsste, den Unterthanen durch solche Zeremonien Hochachtung einzuflössen und den Unterschied des Standes bemerkbar zu machen." Er wälzt die Schuld zumeist auf die Wittwe des Freiherrn Joh. Luzius von Salis, Maria Flandrina von Schauenstein, „der ihr Sohn Gubertus blindlings ergeben war und nicht zu denen gehörte, die ihre Hoheiten und Rechte in Acht zu nehmen wissen, welche Art von Freiherrn seit dem vorigen Jahrhundert ausgestorben zu sein scheint."

Mag das Geschlecht der Edeln von Schauenstein im siebenzehnten Jahrhundert immerhin ungleich eifersüchtiger auf Wahrung seiner Vorrechte gehalten und seine Unterthanen strenger behandelt haben als dies unter der Herrschaft des Hauses Salis-Maienfeld im vorigen Jahrhundert der Fall war; Thatsache ist es, dass die Freiherrn von Schauenstein durch wegwerfenden Herrschertrotz auf der einen und persönliche Ohnmacht auf der andern Seite die Gemüther der Unterthanen sich entfremdeten und den Geist der Widersetzlichkeit wachriefen, der sich auf die nachfolgende Generation vererbte und auch unter den milden Regierungen salis'schen Geschlechtes Herren und Untergebene in die bittersten Kämpfe verwickelte und nicht das Wenigste zur Beseitigung der Herrschaft beitrug. Die Regenten des siebenzehnten Jahrhunderts zu Haldenstein haben den der Herrschaft der Privilegien feindlichen Volksgeist durch ihre maasslosen Prätensionen keineswegs zu zügeln oder gar zu ersticken vermocht, sondern nur genährt und mitunter bis zu offenkundiger Empörung herausgefordert, waren aber ausser Stand, diese zu dämpfen. Selbst der Rector Thomas von Schauenstein, der an persönlicher Tüchtigkeit doch wohl die meisten, wenn nicht alle seine Vorgänger und Nachfolger auf dem Freiherrensitze zu Haldenstein übertraf, hätte denselben infolge einer Auflehnung der Herrschaftsleute auf immer eingebüsst, wäre er nicht durch fremde Hülfe wieder in den Besitz des Verlorenen eingesetzt worden. Wir haben mit diesen Bemerkungen den dritten Abschnitt unserer Arbeit eingeleitet und fassen:

III.
Die Schutzorte und Schützlinge der Herrschaft Haldenstein

in's Auge. Das hiermit angedeutete Verhältniss zwischen den Schirmherrn und ihren Clienten, den Schutzvögten und Schutzbefohlenen bestand schon zum Theil im Alterthum und war vollends im Mittelalter so ziemlich allgemein verbreitet. Es hatte in der Noth der Zeit und namentlich auch in der Feudalverfassung oder den Beziehungen zwischen Lehnsherrn und Vasallen seinen Grund. Kirchen, Klöster, Abtheien, Bisthümer und ähnliche fromme Stifte standen unter Schutzvogtei; Städte, einzelne Landschaften, Inhaber kleinerer Herrschaften traten unter den Schirm eines Machthabers. Es gab kein anderes Mittel, um den Schwächeren und Wehrlosen gegen den Fehdegeist und die Herrschsucht übermüthiger Grossen sicher zu stellen. So konnte auch die Herrschaft Haldenstein eines Beschützers nicht entbehren. Die Annahme eines Schirmherrn war für dieselbe eine Forderung der Nothwendigkeit.

Die Schutzvogteien wurden nicht blos von den Schwachen, welche derselben zu ihrer Sicherheit bedurften, sondern auch von den Mächtigen, welche sie übernahmen, wegen der damit verbundenen Vortheile eifrig gesucht. Die Wahl der Schirmherrn führte desshalb häufig zu heftigen Streitigkeiten. So brachen denn auch zwischen den rhätischen Bünden und den sieben Orten langwierige Zerwürfnisse aus, als Joh. Jak. von Castion im Jahre 1550 als Besitzer von Haldenstein unter den Schutz der eidgenössischen Vogtei Sargans sich begab *). In der betreffenden Urkunde, die vom 13. Augstmonat berührten Jahres datirt ist, „bekennt Castion und thut kunth Allermenniglichen", dass die grossmächtigen, Edlen, Strengen, Frommen, Festen, fürsichtigen, Ersamen und wysen der sieben Orte einer löblichen Eidgenosseuschaft:

---
*) Siehe p. 13.

Zürich, Luzern, Uri, Schweiz, Unterwalden, Zug und Glarus ihm günstige Herren und Freundt auf sein ernstlich Bitt und ansuchen ihn und seine Herrschaft Haldenstein, so zu der Grafschaft Sargans gehört, in Ihren Schutz und Schirm uffgenommen und empfangen" haben und erklärt, dass er, so Jemand „an ihn und gemeldte Herrschaft Forderung und Ansprach hätte, denselbigen vor Inen seinen günstigen Herrn der sieben Orthen, als seiner natürlichen Oberkeit des Rechten gewärtig und gestendig sein wolle." Im Weiteren macht sich der damalige Inhaber von Haldenstein für sich und seine Nachkommen anheischig, „mit gedachter Herrschaft den sieben Orthen, als den natürlichen Oberherren, in Landesnöthen verpflicht und gewertig" zu sein, „doch mir an meiner Oberkeit, Herrlichkeit und Gerechtigkeit über hoch und nieder Gricht, Zwing und Bann gemeldter Herrschaft inalweg unvergrifentlich und unschädlich."

Der Schutzbrief der sieben Orte findet sich nicht im herrschaftlich-haldensteinischen Archiv vor, dürfte aber durch die vorliegende Erklärung so ziemlich genügend ersetzt sein. Letztere erscheint um so wichtiger, als wir darin das älteste Dokument der Art für die Geschichte der Herrschaft Haldenstein besitzen und alle wesentlichen Bestimmungen über gegenseitige Rechte und Pflichten verzeichnet finden, welche mit den berührten Schutzverhältnissen verbunden waren.

Der Schirmherr besass in der Regel eine ansehnliche Macht und bot dem Clienten schon durch das Gewicht seiner Stellung und nöthigen Falles durch Waffengewalt in den Tagen der Gefahr den erwünschten Schutz dar. Der Schützling ging die Verpflichtung ein, den schiedsrichterlichen Spruch des Schutzherrn in Rechtsangelegenheiten anzuerkennen und demselben seine Besitzungen, namentlich allfällige Burgen oder anderweitige feste Orte, sammt seinen Streitkräften zur Verfügung zu stellen.

Der Oben angezogene Schritt des neuen Schlossherrn zu Haldenstein hatte einen mehrjährigen Rechtsstreit zwischen den sieben Orten und den rhätischen Bünden wegen der Schutzvogtei über Haldenstein zur Folge. Da derselbe für die Geschichte der ehemaligen Herrschaft nicht ohne Interesse ist, tragen wir kein Bedenken die Hauptpunkte anzudeuten, auf welche die hadernden Parteien ihre Forderungen stützten. Die Bündner behaupteten

„länger als Menschengedächtniss" die Vogtei ausgeübt zu haben und als die rechtmässige Obrigkeit von der Herrschaft anerkannt worden zu sein. Die Herrschaft sei in ihren Landmarken gelegen und die Besitzer derselben wären sammt ihren Unterthanen mit ihnen in's Feld gezogen, hätten Lieb und Leid mit ihnen getheilt, sic um Hülfe, Schirm und Rath angesucht und sich in allweg wie Bundsleute gehalten. Sie appelliren an das Billigkeitsgefühl der ihnen seit dem Schwabenkrieg durch Bande der Bundesgenossenschaft befreundeten Gegenpart und deuten darauf hin, dass das Schutzverhältniss der Herrschaft Haldenstein den sieben Orten keinen Nutzen bringe, ihnen dagegen und ihren Landsassen „von den ungeschickten und unglückhaftigen Leuten" durch Verschleppung aller Rechtsanliegen vor ein entferntes schutzvogteiliches Gericht nur Unheil bereiten könne und baten den Landvogt der sieben Orte zu Sargans, sie ungestört im Besitz ihrer Rechte zu belassen. Dagegen meinten die sieben eidgenössischen Stände, dass die Schutzrechte der ihnen angehörigen Grafschaft Sargans über Haldenstein nicht weniger alt seien als die der Bünde und wiesen darauf hin, wie sie vor vierundsechzig Jahren als rechtmässige Oberen und Landesherrn einem rhätischen Bundesmann und Bürger von Chur*) die Herrschaft Haldenstein verkauft, den Erlös zur Befriedigung der Gläubiger verwendet hätten und von dem Käufer und seinen Nachfolgern bis auf Castion als Schirmherrn anerkannt worden seien.

Der Streit blieb bis zum Jahr 1558 unentschieden und wurde nach langwierigen Verhandlungen auf den Tagsatzungen zu Baden, Freiburg und Zug und auf den Bundestagen zu Chur und Ilanz und der gemeinschaftlichen Tagleistung der beidseitigen Abgeordneten zu Wallenstadt den 14. Dezember zu Baden von den Gesandten der sechs unpartheiischen Orte: Bern, Basel, Schaffhausen, Freiburg, Solothurn und Appenzell schiedsrichterlich beigelegt. Die sieben Orte liessen sich durch Joh. Escher, Stadtschreiber von Zürich, und Jakob Arnold, Altlandammann von Uri, vertreten; Altbürgermeister Johann von Tscharner von Chur, Nikolaus Fischer, Altlandrichter im oberen Bund, und Rudolf von Salis, Richter zu Malans, waren die Abgeordneten der Bünde.

---

*) Siehe pag. 10.

Der schiedsrichterliche Spruch, der von Schultheiss Fischer von Bern im Namen der übrigen Rechtssprecher mit seinem persönlichen Siegel versehen wurde, lautete dahin: „Nach Verhörung beider Theilschriften und mündlich Fürtrag, auch Briefen, Urbaren, Rödeln und Gewarsammen haben wir das erleutert und erkennt, dass die Gesandten unserer lieben Eids- und Bundesgenossen von den drei Bünden die ältere Besitzung der Herrschaft Haldenstein haben und desshalb bei derselbigen ihrer Possession und Besitzung fürohin bleiben sollen; es sei denn Sach, dass unsere getreue liebe Bundsgenossen von den sieben Orten sie dero wieder entsetzen und vermeinen wollten besser Recht und Gerechtigkeit darzuo zu haben und von wegen ihrer Ansprach nicht abstahn, dass sie nun solche Kläger und unsere liebe Eid- und Bundesgenossen von den drei Bünden Antworter sein sollen."

Es hatte sich bei jenen gerichtlichen Verhandlungen zunächst um den vorfraglichen Entscheid über die klagende und beklagte Part gehandelt; die sieben Orte erkannten indess auch das sachliche Urtheil des Schiedsgerichtes an und standen von der weiteren Verfolgung ihrer Ansprachen ab. Die Bünde erscheinen bei dem bald darauf erfolgten Antritt der Regierung durch Gregor von Hohenbalken zu Haldenstein im unbestrittenen Besitz der Schutzvogtei über die Herrschaft und haben sie auch bis zur Auflösung der letzteren zu Anfang des neunzehnten Jahrhunderts meist ungestört ausgeübt.

Den fünften Februar 1568 kam „Gorius Carlj von Hohenbalken*) zu Aspermont, Herr zu Haldenstein", für sich und seine Nachkommen als Inhaber der Herrschaft mit der Erklärung ein, dass er „zu ewig Zeiten" die Hochgeachten, Edeln etc. Herren der drei Bünde und Niemand anders für seine rechte nathürliche schutz und schirm Herren erkenne und halte und sie in aller nothdurft anzurufen und ihren schutz und schirm anzulangen" entschlossen sei. Darauf wurde dem Bittsteller von Seite des zu Chur versammelten Bundestages unter gleichem Datum ein mit den Siegeln der drei Bünde versehener Schutzbrief ausgefertigt und ihm im Namen gemeiner Lande der Besitz der Herrschaft mit allen damit verbundenen Rechten gewährleistet. Als in der

---

*) Vergleiche pag. 15.

Folge Hans Heinrich von Degernstein, Herr zu Elgg, die Herrschaft kaufweise an sich brachte*), wurde der Vertrag den 4. Juli 1595 von den Bünden bestätigt und der neue Regent zu Haldenstein in Erinnerung, „in was Kosten, Müh und Arbeit sie vormalen" gerathen und zur Verhütung derselbigen und Erhaltung beidseitiger Gerechtigkeiten gefragt, wen er für seinen Schirmherrn erkenne und ihm auf gestelltes Begehren, „nachlauth und ausweisung aller seiner habenden Gerechtigkeiten, Bräuchen, alten Herkommen, Brief und siegel" der Schutz gemeiner Lande zugesagt.

Wir haben im Vorigen mit möglichstem Anschluss an den Wortlaut an ein paar Beispielen aus dem sechszehnten Jahrhundert die von den rhätischen Bünden zu Gunsten der Inhaber der Herrschaft Haldenstein ausgestellten Schirmbriefe nach Form und Inhalt kennen gelernt und können uns im Hinblick auf das folgende Jahrhundert um so unbedenklicher weiterer Mittheilungen überheben, als die berührten Actenstücke unter der Regierung der Freiherren aus dem Geschlechte Schauenstein sich nicht nur im Wesentlichen gleich blieben, sondern meist buchstäblich mit den früheren übereinkommen. Dagegen wollen wir einen Schirmbrief aus dem Anfang des achtzehnten Jahrhunderts einschalten, der in Darstellung und Inhalt manches Eigenthümliche darbietet und als einschlägiges Beispiel für den letzten Zeitraum der Herrschaft angesehen werden kann. Das Dokument ist vom 14/25. Januar 1703 datirt und lautet wie folgt:

„**Wir die Häupter und etwelche der Räthen Gemeiner dreyer Pündten zu Chur beytäglichen versamt**: Urkunden hiermit in kraft gegenwärtigen Abscheids; demnach von den dermahligen Innhabern der Herrschaft Haldenstein, als dem Wohl Edelgebohrnen Herrn Joh. Luzi von Salis**), diss Jahrs regierenden Herrn und der Wohl Edelgebohrnen Frau Regina Maria von Hartmannis***), gebohrner von Schauenstein, von Ehrenfels, zufolg der Ehrs. Räth und Gemeinden Mehren zu wissen begehrt worden: Ob sie Gemeine drey Pünd vor Ihr Schutz- und Schirmherrn erkennen und halten wollen, sie auch

---

*) Vergleiche pag. 16
**)   „   „ 37.
***)   „   „ 32.

darüberhin sich erklärt, Gemeine drei Bünd nach dem Exempel ihrer Vorfahren als ihre Schutz- und Schirmherren zu erkennen und ihre zutreffende Portion Mannschaft zu denen machenden Ausschüssen darzugeben; alss nehmen und emphan wir dieselbige in unseren Schutz und Schirm widerum auf und versprechen sie bei gemeldter Herrschaft, Hoch und niederen Gerichten, Pön und Fällen, Pott und Verbott, Wildpan, Fischeten, Zehnten, Rent, Gült und Alles was Brief und Siegel, alt und neue Sprüch und Abkommniss ausweisen und einhalten, nichts ausgenommen, wider männiglich zu beschützen und zu beschirmen."

Dieser Brief ist gleich den Andern mit den Siegeln der drei Bünde versehen. Während die Schutzvogtei in früherer Zeit von dem Bundestag ausging, war sie später nach Ausweis des vorliegenden Aktenstückes Sache der Gemeinden geworden und durfte blos mit ausdrücklicher Zustimmung der Mehrheit der Bevölkerung von den drei Häuptern der Bünde unter Zuzug einiger Volksvertreter, welche den Beitag oder die vollziehende Behörde bildeten, angeordnet worden. Mit Erstarkung des republikanischen Bewusstseins hatten die Befugnisse der Behörden zusehends abgenommen, wogegen die Rechte der Gemeinden immermehr wuchsen, bis das Volk alle Staatsgewalt an sich riss und die häufigen Ausschreitungen einer von selbstsüchtigen Führern irregeleiteten Mehrheit eine heilsame Ausgleichung zwischen den Ansprachen des Souveräns und den Vollmachten seiner Räthe anbahnten. Die ehemals in allgemeinen Ausdrücken berührte Pflicht des Beistandes in Landesnöthen von Seite der Herrschaft war im Laufe der Jahre dahin festgestellt worden, dass Haldenstein und die Bünde in militärischer Beziehung zu einem Staatskörper verschmolzen, die beiderseitige dienstfähige Mannschaft nach gleichen Grundsätzen ausgehoben und gemeinschaftlich verwendet wurde. Dagegen ist die Verpflichtung Gemeiner Lande, die Herrschaft in dem Besitze ihrer verbrieften Rechte zu beschützen, sich stets gleich geblieben.

Die jeweiligen Regenten zu Haldenstein wussten gar wohl, warum sie immer wieder die Schirmherrschaft der Bünde nachsuchten; sie war für sie nichts weniger als entbehrlich, wohl aber von hoher Bedeutung, ja geradezu die Grundbedingung ihrer politischen Existenz. Wie richtig diese Anschauung der Sachlage ist, das hat gerade Einer der tüchtigsten Inhaber der ehemaligen Herrschaft thatsächlich erfahren. Rector Thomas, der, wie unser Gewährsmann berichtet, nicht nur dem Namen nach, sondern auch in der That Freiherr sein wollte, mochte „schärfer" auf seine Rechte halten, als den Unterthanen lieb und recht sein konnte, wesshalb sie den gestrengen Herrn gleich einem Missethäter über die Rheinbrücke schleppten und ihn auf Nimmerwiedersehen das Weite suchen hiessen. Der Freiherr Thomas wusste indess in seiner anscheinend hoffnungslosen Lage Hülfe. Er suchte den bedungenen Schutz der Bünde gegen seine aufrührerischen Unterthanen nach; ein Strafgericht büsst die abgefallene Gemeinde mit dem Verlust einer bedeutenden Strecke Waldes und Weidbodens und spricht sie dem Herrn zu; die Empörer wurden zu öffentlicher Abbitte verurtheilt und führten ihren hohen Gebieter mit fliegenden Fahnen und klingendem Spiel wieder auf seinen Edelsitz zurück.

Diese Thatsache schon zeigt zur Genüge, wie wünschenswerth, ja geradezu unentbehrlich die Schutzvogtei Gemeiner Lande für die Schlossherrn zu Haldenstein gewesen, wenn sie sich gegen gewaltsame Ausschreitungen ihrer Untergebenen halten sollten. Die kleine Herrschaft befand sich als launige, um nicht zu sagen muthwillige Schöpfung feudaler Zustände in der unmittelbarsten Umgebung von Republiken, die längst schon in ihrer Mitte des Gründlichsten damit aufgeräumt hatten. Die Herrschaftsleute waren zwar durch den Galanda von der Eidgenossenschaft, durch den Rhein von den rhätischen Bünden getrennt; kein Strom ist indess zu tief und kein Berg zu hoch, dass Zeitbestrebungen nicht einzudringen vermöchten. Die Haldensteinerbevölkerung stand namentlich mit den bündnerschen Nachbarn in täglichem Verkehr und war zu tief von dem Bewusstsein ihrer bürgerlichen Ausnahmsstellung durchdrungen, als dass sie sich widerspruchslos in dieselbe gefügt hätte. Das Streben nach einer Umbildung der politischen Lage und das damit verbundene Ankämpfen gegen die Träger derselben lag mithin in den Verhältnissen; nichts stand von den Angehörigen des Fürtenthums am Galanda weniger zu gewärtigen als die Bürgertugend' unterthänigen Gehorsams. Dass dieser namentlich unter Regenten, welche die Unzulänglichkeit ihrer Gegenwehr nicht weniger als die Strömung der Zeitideen verkannten, häufig in sein Gegentheil umschlagen musste, leuchtet von selbst ein; wie denn auch die Nothwendigkeit fremden Schutzes für den Fortbestand der Herrschaft ausser Zweifel liegt. Selbst die Edeln von Salis, welche bekanntlich durch Beseitigung veralteter, unhaltbarer Zustände, durch Pflege und Schutz humaner Institutionen der Zeitlage bestens Rechnung trugen, vermochten nicht immer den Geist der Auflehnung zu bannen und sahen sich hin und wieder genöthigt, die Dazwischenkunft der rhätischen Schirmherrn gegen ihre aufrührerischen Untergebenen anzurufen. Unter den gegebenen Umständen war die bündnersche Vogtei zur Behauptung der herrschaftlichen Rechte zu Haldenstein schlechterdings geboten.

Erscheinen daher die Bünde als eine unentbehrliche Stütze der Freiherrn, so konnte ihre Vermittlung unter Umständen auch für die Untergebenen erwünscht und vortheilhaft sein. Die Schirmvogtei hatte den feudalen Rechtsboden zur Unterlage und trat für Wahrung desselben in die Schranken, gleichviel, ob die Unterthanen oder ihr freiherrliches Haupt sich über die bestehenden Einrichtungen hinwegsetzten. Die Herrschaftsleute konnten mithin in den Schutzvögten die wirksamste Abwehr allfälliger Beeinträchtigungen von Seite willkürlicher Obern finden.

Dem Leser drängt sich in dem ersten Abschnitt der Geschichte der Herrschaft die thatsächliche Begründung dieser Behauptung zum Oeftern auf, zugleich als Beweis dafür, dass die Schirmorte in Streitigkeiten zwischen Herrschaft und Untergebenen nach beiden Seiten hin eine ehrenwerthe Unparteilichkeit an den Tag legten. Steht man daher nicht an, Gemeinen Landen dieses rühmliche Zeugniss auszustellen, so erscheint es anderseits unzweifelhaft, dass sie es hauptsächlich gewesen sind, die den Unterthanenverband zu Haldenstein Jahrhunderte lang aufrecht erhielten und es geschah weder durch ihr Verdienst noch durch ihre Schuld, sondern lediglich durch eine Verkettung der Umstände, die nicht in ihren Händen lag, wenn die mittelalterlich feudalen Einrichtungen des kleinen Gemeinwesens zu Anfang des neunzehnten Jahrhunderts auf immer beseitigt und nach den Forderungen der Neuzeit umgestaltet wurden.

Es muss mit Recht auffallen, wie die Schutzorte in ihrer Mitte der bürgerlichen Freiheit das Wort reden, nach Aussen aber herrschaftlichen Vorrechten zur Stütze dienen und dem Aufstreben des Volkes nach politischer Unabhängigkeit immer wieder die Flügel beschneiden konnten. Vollends widersprechend und unvereinbar mit den Grundsätzen der Republik erscheint das Verfahren der Bündner und ihrer Nachbaren in der Eidgenossenschaft, welche auf ihrem Gebiete die fürstliche Gewalt darnieder geworfen hatten, dagegen kein Bedenken trugen, statt den Verein freier Männer zu erweitern, eigene Herrschaften zu gründen und darüber ein nichts weniger als mildes Regiment zu führen. Die sogenannten Gemeinen Herrschaften sind vor einem halben Jahrhundert in blutigen Kriegsstürmen gefallen und ihre Angehörigen meist gleichberechtigte Mitbürger ihrer früheren republikanischen Gebieter geworden. Die Schutzvogteien haben sich in der Form staatlich gedungener Solddienste forterhalten und sind erst in unsern Tagen durch das Verbot neuer Militärkapitulationen mit auswärtigen Staaten eingegangen. Wir finden aber die politische Geistesrichtung, welche diesen anscheinend widerspruchsvollen Thatsachen zu Grunde liegt, prinzipiell wenigstens noch immer in der unverrückbaren Festhaltung an der Neutralität, welche den Eidgenossen die Einmischung in fremde Händel oder die Förderung gewaltsamer Rückschritts- wie Fortschrittsbestrebungen auf dem Gebiete der Politik von Staatswegen verbietet. Es ist die Achtung vor dem Herkommen, Wahrung des geschichtlich Gewordenen, die Ehrerbietung vor dem rechtlich Bestehenden, mit einem Wort der Grundsatz der Erhaltung, der in den berührten Erscheinungen, freilich nicht ohne Trübung durch Eigennutz und Herrschsucht, zu Tage tritt und in Verbindung mit dem Prinzip der Bewegung oder eines weisen Fortschrittes die Grundbedingungen alles gesunden Staatslebens ausmacht. Den rhätischen Bünden ins Besondere musste die Schirmherrschaft über Haldenstein in mehrfachem Betracht wünschenswerth erscheinen. Gebieter und Unterthanen der kleinen Herrschaft traten dadurch in ein befreundetes Verhältniss zu ihren bündnerschen Nachbaren; diese erhielten als Schutzvögte die Befugniss zur Ueberwachung der auf vogteilichem Gebiete angesessenen Bevölkerung und konnten dadurch der Niederlassung ihnen feindlicher oder staatsgefährlicher Individuen vorbeugen oder bereits vorhandene durch das Gewicht ihrer Stellung für sich unschädlich machen. Auf diesen Umstand legten denn auch die Vertreter Gemeiner Lande in ihrem Streit mit den sieben Orten wegen der Vogtei mit Recht grosses Gewicht *). Dagegen hätte die Nachbarschaft Haldenstein, namentlich unter dem Einfluss eines feindlich gesinnten Schirmherrn, die nachtheiligsten Verwicklungen für die Bünde herbeiführen können.

Sodann war das freie Verfügungsrecht über die Herrschaft unter dem natürlichen Schutz des Rheinstroms mit seinem tiefen Bett und seinen reissenden Wogen und des Galandagebirges mit seinen jähen Felswänden und dichten Waldungen, im Besitze starker Burgen in früherer und eines festen Schlosses in späterer Zeit und endlich ausgerüstet mit der Wehrkraft einer zwar nicht zahlreichen, aber kernhaften Bevölkerung in Noth und Gefahr für die Bünde keineswegs zu unterschätzen. In Zerwürfnissen zwischen dem Freiherrn und seinen Insassen galt die Gerichtsbarkeit der Bünde als oberste Instanz und musste auch in Anständen zwischen Herrschaftsleuten und Auswärtigen angerufen werden. Die Geschicke der Herrschaft Haldenstein lagen mithin wesentlich in den Händen Gemeiner Lande, denen die Ausübung der Schirmvogtei unter obwaltenden Verhältnissen auch aus diesem Grunde wünschenswerth erscheinen musste. Auch die Regenten zu Haldenstein wussten die Dienste ihrer Schirmherrn zu schätzen; nach Joh. Jak. Castion, dem bekannten französischen Abgeordneten und Besitzer der Herrschaft, war Freiherr Georg Philipp von Schauenstein der einzige, welcher in einer Anwandlung ohnmächtigen Zornes seinen Nachbaren den Schutzbrief zurücksandte, sich aber bald darauf, den unbedachten Schritt bereuend, „seinen Hochedeln, Frommen, Wysen, Ehrenfesten etc. Fründen und Gönnern" wieder in die Arme warf. Die Bündner haben denn auch den Schlossherrn ihren Schutz und Schirm stets treu und bieder angedeihen lassen, bis eine providentielle Fügung der Umstände mit der Auflösung der Herrschaft die Schutzbefohlenen Herrn und Unterthanen und zwar, wie wir glauben, beiden Theilen zum Frommen zu Bundesgenossen und Mitbürgern der ehemaligen Schutzherrn machte.

---

*) pag. 98.

Wir haben bereits wiederholt auf den bedeutenden Einfluss hingewiesen, den die Schutzvögte auf das Loos der Herrn der ehemaligen Herrschaft ausübten. Die Befugnisse der Bündner bezogen sich indess nur auf Regelung der Verhältnisse derselben nach Aussen und vor Allem auf Aufrechthaltung der bestehenden Verfassung und der herkömmlichen Satzungen im Innern. Innerhalb der von dem gegebenen Rechtszustand gezogenen Schranken konnten aber der Freiherr und die von ihm und seinen Unterthanen aufgestellten Behörden frei und unabhängig walten. Diese Thatsache leitet uns zum vierten Abschnitt unserer Darstellung hinüber:

IV.

Haldenstein und seine ehemaligen gerichtlichen Einrichtungen.

Sie umfassen die bürgerliche und peinliche oder Civil- und Criminalgesetzgebung nebst Aufstellung der betreffenden Behörden. Die einschlägigen Statuten sind wenigstens nach den vorliegenden Aufzeichnungen höchst ungenügend und lückenhaft, dürften indess auch in dieser unvollkommenen Gestalt einen Einblick in die eigenthümlichen Zustände der kleinen Herrschaft gewähren. Wir beschränken uns aber auch bei der Darstellung dieses letzten Abschnittes unserer historischen Monographie auf die Mittheilung einiger wesentlicher Züge.

I. Gerichts-Satzung oder Besetzung der Obrigkeit.

Die Civilgerichtsbarkeit wurde von einem Vogt und zehn Richtern ausgeübt. Die Amtsdauer der Obrigkeit währte ein Jahr und lief mit Georgi (den 23. April) ab; die Wahl fand alljährlich den 1. Mai statt und ging in folgender Weise vor sich: Auf den berührten Tag wurde „die ganze Gemeinde" von dem regierenden Herrn meist auf freiem Feld „an einen ihm gefälligen oder bequemen Orte zu Haldenstein" einberufen und die Wahlverhandlung mit einer auf die Umstände bezüglichen Rede eröffnet. Der Vogt wurde aus einem Dreiervorschlag der Gemeinde von dem Freiherrn gewählt; er war dessen Stellvertreter, Vorsitzer der Obrigkeit und Gemeindsvorsteher. Vor Aufhebung der Leibeigenschaft musste der Vogt der Zahl der Leibeigenen angehören *); in späterer Zeit hatten die Herrschaftsleute ein unbeschränktes Vorschlagsrecht. Die übrigen Mitglieder der Obrigkeit wurden sämmtlich von dem Freiherrn ernannt und, „so ein gantze Gemeind kein rechtmässige Ursache auf sie hatte", bestätigt. Weibel und Gerichtsschreiber wählten Herr und Obrigkeit gemeinschaftlich. In offener Versammlung hielt sodann der Freiherr „zuerst dem Vogt und demnach allen Gerichtsmannen zugleich ihre Pflicht vor", legte den Neugewählten den Eid auf und nahm Jeden der Reihe nach ins Handgelübde. Unter den für die Vogtstelle Vorgeschlagenen durften „nicht zwei oder drei Brüder sein". Konnten aus verwandtschaftlichen Gründen obrigkeitliche Mitglieder gerichtlichen Sitzungen nicht beiwohnen, so durften ihre Stellvertreter nur unter Mitwirkung des Herrn gewählt werden. In Ausstand des Vogtes nahm der Schlossherr die Ersetzung desselben von sich aus vor.

II. „Die Appellatz" oder der gerichtliche Weiterzug.

Von der Gemeindsobrigkeit durfte nach unbeschränktem Gutfinden einer oder beider Parten der Weiterzug erklärt werden. Diese Erklärung musste mit Hinterlegung von achtundvierzig Kreuzern, wenn nur einerseits und des Doppelten, wenn beidseitig appellirt wurde „noch weil der Stab auf dem Tisch liegt", d. h. vor Auflösung der Gerichtssitzung, geschehen und vor Ablauf von vier Wochen „mit Vorbehalt Gottes und Herrn Gewalt" prosequirt werden. Die Appellationsgebühr wurde unter die Richter vertheilt und sollte nach dem Wortlaut des Statuts „dem gantzen Gericht dienen". Wurde die berührte Terminstellung nicht eingehalten, so erwuchs das angefochtene gerichtliche Urtheil in Kraft. Der Weiterzug selbst fand an den Freiherrn statt, der in letzter und höchster Instanz mit oder ohne Zuzug von Vertrauenspersonen unweiterzüglich Recht sprach.

„Alle Tage kann Recht ertheilt werden, ausser vierzehn Tag vor und nach den heiligen Zeiten, wie auch von Johanni bis Micheli, wann die Gant beschlossen ist. Es betreffe dann Ehe (Ehestreitigkeiten) oder wachsenden Schaden."

Wir reihen hieran:

---

*) Siehe p. 91 u. 92.

III. „Die Gantordnung" der ehemaligen Herrschaft Haldenstein.

1. In allen Gantsatzungen soll der Ansprecher (Gläubiger) an einem Tag durch den Weibel den Schuldner lassen verpfänden, den dritten Tag (das Pfand) lassen daheim stehen und am vierten Tag die Schätzer führen und schätzen lassen, und mag auch der Ansprecher, so er auf Fahrendes schätzen lässt, nit selber zeigen, was ihm am gefälligsten ist, sondern der Debitor soll ja gesunde und rechte Haab und keine verwerflichen Effecten dem Creditoren fürschlagen mögen.

2. Item wenn zwey Geschworenen mit der Schatzung nicht können vereinbaren, so soll der Waibel entscheiden, oder so schwerere Sachen (betrifft), soll der Vogt, wenn er ohnpartheyisch, auch beywohnen und helfen.

3. Item wo einer Brief und Siegel auf einem Unterpfand hat, soll er den Schuldgläubigern auf selbiges Unterpfand für das Kapital Zinsen und Unkosten auf zweyfach geschäzt und drei Monath Zihl der Losung (Zeit zur Auslösung) bestimmt werden; dannethin soll das ausgeschätzte Pfand dem Schuldgläubiger anheimgefallen seyn und verbleiben, wo aber verlustige Austheilung seynd, hat es einen andern Verstand (Bewandtniss).

4. Item um Lidlohn, geliehen Geldzehrung gesprochen und berechtet Geld, so auf fahrendes geschäzt wird, soll gleichfalls die Schatzung umb zweyfach beschehen und die Losung allein acht Tage Zihl haben.

5. Item umb andern Schulden, wie dann solche mochten genannt werden; es erfolge die Schatzung auf liegendss oder fahrendss, so soll solches umb den dryten Pfenning mehrerss alss die Summe samt Unkosten belauffen, beschehen.

6. Item alles dassjenige, so man hinter Recht stellt (mit Sequester belegt) soll dem Richter zu Handen gegeben und gelegt werden, vorbehalten Esig speiss (Lebensmittel) wird hinter den Waibel gelegt.

7. Item so eine Sache so weit käme, dass er nicht mehr dess Seinigen hätte und alliglichen aussganteт worden wäre, so sich erscheint (ergibt) und am Tag, dass er vorseztlich und freventlich dass Seinige verthan hätte, der soll bandiert (verbannt) werden.

8. Und weil viel Betrug in dem Siegeln möchte verübt werden, indem ein Gut zweymahl möchte verpfändet oder auch dess Valors dopplet nicht werth wäre, so ist gesezt, ess sollen alle Brieffen mit Vorwüssen einess Herrn (des Freiherrn) und des Gerichts erkanntnuss vom Vogt besieglet werden.

Diese Verordnung scheint bereits auf ein amtlich geführtes Pfandbuch in der ehemaligen Herrschaft hinzuweisen, während diese Einrichtung in Bünden erst ein paar Dezennien besteht.

9. Item ist gesezt, wann einer sein Ansprach unersucht oder unangefordert zwölf Jahr anständig verbleiben last, so soll er dannethin dieselbe verwürkht haben, lauth alten Statuten, ess were denn, dass Wittwen und Waisli oder Abwesenheit klar erscheint wurde, soll ein Gericht nach Beschaffenheit erkennen.

Das Gesetz gestattet mithin dann eine Ausnahme, wenn Gläubiger der Zahl der Wittwen und Waisen angehören oder landesabwesend gewesen.

IV. Die „Zugsordnung im Verkauffen".

Man hat darunter das Rückkaufsrecht einer veräusserten Liegenschaft gegen Erlegung des Kaufspreises innert der gesetzlich anberaumten Frist in der Regel eines halben bis eines vollen Jahres und drei Tage von Seite der nächsten Blutsverwandten des ursprünglichen Besitzers oder Verkäufers zu verstehen. Diese, die Besitzverhältnisse und den Verkehr in hohem Grade störende Einrichtung ist in Bünden erst in jüngster Zeit durch ein von der höchsten Landesbehörde erlassenes und von den Gemeinden genehmigtes Gesetz aufgehoben worden. Diese „Zugsordnung" enthält neben einigen in derartigen Statuten üblichen Massnahmen, welche auf Verhütung fingirter Tauschverträge zwischen Käufer und Verkäufer oder fraudolosen Rückkaufs von Seite Zugsberechtigter zu Gunsten Dritter abzielen, ein paar Bestimmungen, welche auf die eigenthümlichen Verhältnisse des kleinen Fürstenthums am rhätischen Rhein berechnet waren und darum hier Platz greifen mögen. Das ganze Gesetz zerfällt in fünf Paragraphen und setzt unter III. Folgendes fest:

„Item wann ein Herr zu Haldenstein ligend Gut verkaufft oder verlehnet (zu Lehen giebt), so hat ein Unterthan den Zug darzu vor Andern; ein Herr aber wass aus der Herrschaft verkaufft wird, so hat er allein den Zug zu allen Zeiten, doch dass jeder Unterthan oder Einwohner seiner Rechte des Zugss nach dem Blut nichts benommen sey."

Wir schliessen hieran:

V.

Das Wesentliche aus dem in der Herrschaft Haldenstein seiner Zeit bestehenden Erbrecht. Es führt den Titel: Erbfähl von dem Hoch Wohlgebohrenen, Gnädigen Herren, Herr Georg Philippen von Schauenstein, Frey-Herr von Ehrenfels, jezt regierender Herr zu Haldenstein und selbiger gesampter Ehrsammer Gemeind A. 1671 in dem Junio erneueret und führohin steiff und fest gehalten, angenommen und bestätet. — Die Statuten umfassen siebenundzwanzig Artikel und zerfallen in fünf Abschnitte: *a.* Erbfall in ab- und aufsteigender Linie mit Berücksichtigung der Zwerg- oder Seitenlinien; *b.* Erbfall unter Eheleuten; *c.* Erbfall der unehelichen Kinder; *d.* Ausländische Erbfälle und *e.* Die Morgengabe.

I. Abschnitt.

1. Die absteigende Linie, darin begriffen Kinder, dero Kinder und Kindeskinder, und also fortan alss Änig, Uhränig und Pfuchänigly (Enkel, Grossenkel und Urgrossenkel).

Eheliche Kinder erben ihr Vatter und Mutter vor menniglichen; dann in Erbfählen die erste und vornembste Ursach, dass die Kinder Ihre Aelteren erben. Wann dann nun Eltern einem oder mehr verheuratheten Kinden etwas Heurathsgut geben, und hernach zum Fahl (Erbe) der Eltern kompt, sollen die verheuratheten Kinder das Empfangene wider zuschütten oder stillgestellet werden biss die ledigen Geschwisterte Jedes auch so vill bezogen, dannethin aber alle gleich erben. Was ein Vater an einem Sohn verkostet hätte: Sprachen, gute Künste, Handwerke oder Handthierungen zu lehrnen, solle derselbige Sohn gegen seinen Geschwüsterten in der Erbschaft nichts zu entgelten haben; es wäre denn, dass sich klar erhellte, dass er in Kleidungen, Spillen und Verschenkungen überflüssigen Kosten aufgewendet hätte. Dieses solle er ihm lassen abziehen. Wo dann nebendt den erwachsenen und bereits erzogenen auch junge unerzogene Kinder vorhanden, so solle denselben zu Ihrer Auferziehung und Schulung auch ein

Billiges nach Beschaffenheit des Vermögens und den Jahren geschöpft werden, es seyen gleich Söhn oder Töchtern. Und Fahls die Erben sich dessen nicht vergleichen könnten, so soll Jederzeit der regierende Herr und ein Ehrsamss Gericht darin erkennen und ihre Erkantnuss angenommen werden.

2. Haben Aelteren nebendt den gehorsamen auch ungehorsame Kinder, so mögen sie den gehorsamen ein Vortheil machen, jedoch allewegen nach Beschaffenheit der Ungehorsamen von einem regierenden Herren und einem ehrsammen Gericht zu erdauren.

3. u. 4. Dem ältesten Sohn soll des Vatters Pitschier und Siegel vorausgeben, dem jüngsten, so er's verlangt, des Vatters Hauss im billigen Preiss gelassen werden.

5. Kindtss Kindt und dero Kinder erben mit den Kinden. Nemlichen wo eine Ehe verstirbt und last nebendt den Kinden auch Kindts Kinder als Anigly etc., so erben dieselben neben den Kinden, jedoch nicht in Häupter (nach Köpfen) sondern in Stämmen an Statt ihren Aelteren.

Es erben die drey Uhränigly an Statt ihres Äniss (Grossvater) den Drittel von ihres Uhräniss und ihrer Urana (Grossmutter) Verlassenschaft; ihres Äniss Bruder den Drittel und Uly als das Anigly den übrigen Drittel und also fortan in der absteigenden Linie — und schleust die absteigende die aufsteigenden und Zwerchlinien aus.

6. Von den aufsteigenden und Zwerchlinien, welche in sich begreifend: Vatter, Mutter, Ähny, Ahna, Uhräny, Uhrana, Pfuch Ähny, Pfuch Ahna, Geschwüsterte, dero Kinder und Kindtskinder, Öhen und Büsenen: Verstirbt ein Kindt vor den Aelteren ohne Leibserben und verlast nebendt den Aelteren oder einem derselbigen auch Ehliche Geschwüsterte von Vatter und Mutter, so sollen die Eltern oder welches davon vorhanden ein Drittel und also in den Stammen erben und die Geschwüsterte in Häupter.

7. Hat aber die verstorbene Persohn keine Leibserben noch dero Geschwüsterte oder derselbigen Kinder und Kindskinder, sollen nur d'Aelteren (erben) und verlasset eygen gewunnen Guth, soll solchs den Aelteren Jedem der halbe Theil: Wo aber nur dass eine lebt, demselben alleinig eigenthümlich zufahlen und gehören: Wass aber ein solche Persohn bereits von Vatter oder

Mutter geerbt hatte und wie vermelt verstürbt, so solle dass lebende der Aelteren zwahren auch aber nit anders alss sein Lebenlang unverböseret dess Haupt Guths zu geniessen erben: dannethin aber und nach dessen Ableiben soll ess wiederum zurück an dess verstorbenen Kindtss nächste Blutsverwandtschaft fahlen, die ess zuvor crerbt haben würde, wenn keines der Aelteren da gewesen wäre.

8. Wenn aber dass Verstorben weder Vatter noch Mutter, sondern nur beyderseitss Gross Vätter und Gross Muteren hinderlasset, so solle die Verlassenschaft auf die zwey Gross Vätter und Gross Muteren fahlen.

9. Sind aber weder Aelteren, Gross Aelteren, Urgross Aelteren vorhanden, erben alssdann Öhen und Bäsenen.

10. Last aber die verstorbene Persohn weder in ab- noch aufsteigender Linie, sondern alleinig in Sib- oder Zwerchlinie Erben und zum Fahl kompt, so soll es gehalten werden wie folgt:

Namlichen, wann die verstorbene Persohn allein rechte Bruder und Schwöstern verlasset, so erben sie vor menniglichen, verlasset sie nebendt rechten Geschwüsterten auch derselben Kinder, so erben selbige die verstorbene Persohn mit ihren Öhenen und Bäsenen, jedoch nit in d'Häupter sondern in d'Stammen an Statt ihren Aelteren.

Zum Exempel:

Allso erben die Maria, Niclaus und Emanuel neben ihrem Oehe Miass, von des Oehe Goriassen Verlassenschaft, darum die Frag, den Drittel, der Meiass den Drittel, und die Menga sampt dem Eliass anstatt des Lucassen ihres Vaters auch ein Drittel und so fortan.

11. Wo aber nur Gebrüder oder Schwöster Kinder und Kindts Kinder jedes anstatt seiner Eltern in die Stammen, da erben Jöriss drei Kinder von ihres Vetters Töniss Verlassenschaft als gschwörterte Kindtskinder ein Theil und der Lucass seines Bruders Mattheisen Sohn dass andere halbe Theil, wie die ersten drey den halben Theil.

12. Verlasset aber die verstorbne Persohn nebendt ihren rechten auch halbe Geschwörterte, sollen diese nebendt den anderen zu erben zugelassen werden, jedoch nur in dem Guth, dahero sie bändig oder in denen dass die verstorbene Persohn selbsten

gewunnenn und errungen. Gleichen Verstand solss haben, wann nebendt der abgeleibten Persohn einhalbe Geschwörterte auch solche Geschwörterte Kinder und Kindtskinder vorhanden, jedoch allwegen in d'Stammen, wie von rechten Geschwörterte, dero Kinden und Kindts Kinden gemeldet und bei dem zehenden Artikel zu sehen ist.

13. Hinderlasset aber die verstorbene Persohn alleinig einhalbe Geschwörterte, derselben Kinder und Kindts Kinder darzu weder Vatter noch Mutter, so sollen solch einhalbe Geschwösterte sie seyen gleich Vatter oder Mutterhalb dass Verstorbne ohne Unterscheid zu gleichen Theilen erben. Jedoch die Brüder oder schwöster Kind oder derselben Kindts Kinder nit in d'Häupter, sondern in die Stammen wie oben vermelt, wären aber nachgehends diese einhalbe Geschwösterte und die dergestalten ererbt hätten, auch ohne Leibes Erben verstorben, so solle dasjenige fahlen, die es ererbt hätten, wann kein halbe Geschwösterte gewesen wärend.

14. Lasset aber die verstorbne Persohn neben recht Vatter und Mutter, oder einem derselbigen auch einhalbe Geschwösterte, so sollen die einhalben Geschwösterten nebendt den Aelteren oder den, so darvon vorhanden, auch zu erben zugelassen werden, also dass beide Aelteren oder welches vorhanden in einen Kindts Theil stehen sollen.

15. Lasst aber die verstorbne weder ab- noch aufsteigender Linien Erben weniger einiche Geschwösterte, ess seyen gleich zwey oder einbändige, noch dero Kinder oder Kindts Kinder, so sollen alsdan diejenigen, die den verstorbenen rechter Syb und Blutsverwandtschaft erben, jedoch das nähere das weitere ausschliesst.

16. Solle sich alles und wass gemelter massen ab- und aufsteigender oder Zwerch-Linien und sonsten ererbt wird, von jedem eigenthümlich behalten: ausgenommen mit dem so d'Aelteren oder einess derselbigen von einem Kindt erben, dass ohne Leibs Erben, Geschwüsterte Kind und Kindts Kind abstürbe: oder mit dem wass einhalbe Geschwüsterte von einem solchen Geschwüsterte geerbt, solle verfahren werden wie der sibende und dreyzehende Artikel dieses gegenwärtigen Erbfahls ausweiset.

II. Abschnitt.
Eheleut Erben wie hernach folget:

17. Wann eine Ehe von einanderen stirbt, so solle dass hinderblieben sein zugebracht Guth (behalten) und wo sich Fürschlag befünde, soll der Mann die zwey Theil und das Weib den Drittel nemen von dem Fürschlag, es befinden sich gleich eheliche Kinder oder nit; wass dan solcher Gestalten es seyn der Mann oder das Weib empfangen, solle jedesem eigenthümlich sein oder verbleiben.

18. Es solle auch für zugebracht Guth gerechnet werden alles, so inwehrender Ehe von dem einen und anderen Ehe Menschen ererbt wird oder zuvor ererbt worden.

19. Sobald ader ein Ehe Mensch vor dem andern stirbt, so solle der Verlassenschaft, es befinden sich ehliche Kinder oder nit unverzogentlich ein ordentlich Inventarium mit Beywohnung eines Gnädigen Herrn oder wenigst sweyer unpartheyischen Geschwornen aufgericht. Da dann das gegenwärtig Ehe Mensch bey dem Eyd erinnert werden solle, alless und jedes in Erbschaft gehörige getreulich anzeigen und davon nichts zu verschlagen. Wann solches beschehen, solle darauf die Theilung vorgenommen werden, und wann Kinder vorhanden, sich selbige umb ihr Antheil bevogten und dannehein dem lebenden der Aelteren, wofer es solches begehrt, sampt dem Guth überlassen, biss solch Vater oder Mutter von solcher Kindern Guth alleinig den Genuss ohn Verböserung des Capitals habe, und dabei die Kinder nit allein in wahrer Gottes Forcht, Erlehrung guter Tugenden, Arbeit und Sachen auferziehen, sondern diese Zeit über auch mit nothwendiger Kleidung, Speiss und Trankh, oder wass ihrem Leib in all anderweg erforderlich seyn möchte, seines Kostens erhalten und versehen.

20. Wehrender Ehe gemachte Schulden solle der Mann die zwey, dass Weib den Drittel; wass aber zugebrachte (Schulden) jedes selbsten bezahlen; wass aber der Mann wehrender Ehe verbürget, verschlagen etc. solle das Weib nit entgelten, ess wäre dann Sach, dass sich erscheinte, dass er zu verschlagen Ursach gehabt.(!)

21. Damit man aber wüssen möge, wass zwei Eheleuthe zusammengebracht, so solle dessen bey antretender Ehe ein ordent-

lich Inventarium aufgericht, und solches einem gnädigen Herrn in Verwahrung gegeben werden, um es auf begebenden Fall daselbsten zu finden und den Bericht darauss zu nehmen. Ess solle auch von Zeit zu Zeit wass ein oder dass andere Ehe Mensch wehrender Ehe weiters ererbt, ordentlich gesezt werden.

22. Fallss aber das verstorbene Ehe Mensch den Kinderen nichts verliesse, so solle dass hinterbliebene jedoch schuldig sein, die Kinder sein Fleisch und Blut zu der Ehr Gottes in wahrem Glauben und guten Uebungen aufzuerziehen, hergegen wann die Aelteren zu Armuth gelangen und die Kinder bemittelt sind, sollen sie pflichtig (seyn), solche ihre armen Aelteren, soweit ess ihr Vermögen zulasset, mit nothwendiger Unterhaltung zu entsprechen, es wäre dann Sach, dass sie dass Ihrige vorsetzlicher Weise verschwemmt oder verschwendet hätten. (!)

III. Abschnitt.

23. Ist gesezt, dass die unEhelichen Kinder vermöge Gemein und natürlichen Rechten ihre Mutter erben mögend, begebe sich aber, dass ein unEhlich Kind todtsverscheiden, und Ehliche Geschwüsterte, die auch von der unEhelichen Kinder Mutter, dass unEheliche Geschwörterte sowohlen alss die unEhelichen Geschwüsterten erben und so die unEhelichen Geschwörte alle versturben, so sollenss die ehelichen völiglich erben.

24. So aber eheliche und uneheliche Kinder von einem Vater, so sollend die Ehlichen die unEhlichen erben sowohlen als die unehlichen Geschwüsterte und wann die unehelichen alle versturben, solle derselben unEhelichen Kinder Guth den Ehelichen Kinderen oder den nächsten des Blutes anheim fallen und verbleiben.

25. Weiterss sollen die unEhelichen Kinder von unehelich Vatter und Mutter erbohren, ihr Äbny und Ahna sowohlen als auch was von denselbigen herrührt nit erben mögen. Wann aber darnach diese ehelichen Kinder, die von unEhelichen Vatter und Mutter, wie gemelt erzeuget, auch Eheliche Kinder bekommend, dieselben mögen alsdann wie andere Eheliche Kinder Ihr Vatter und Mutter, Ani und Ahna erben.

IV. Abschnitt.

26. Alssdann unseren Undergebenen und Gemeindsleuthen aus dem Erbfahl der Frömbden bisharo ein merklich Abbruch uhd Nachtheil (geschehen), indeme die Frömbden gross Guth erbweise hinweggezogen und daselbsten chne eintrag und alles entgelten erlaugt, hergegen aber die unserigen in frömbden Orten nichts mit Lieb haben können, als ist gesezt und beschlossen: wann ein Persohn unserer Herrschaft und Gemeind verstürbe und sein Guth oder theils dessen, es seyn in Gemein drei Bünden oder (in) Frömbde andern Land fallet, so solle dasselbige den Frömbden nicht vergunnt und abgefolget werden, ehe man erfahren, was Gebrauch und Erbrecht selbigen Lands und Orths, allwo solche Frömbde Persohn, die erben will, gesessen, da man ein solchen alsdann halten wird, wie man daselbsten die Frömbden und hiemit die unsrigen halten thut, massen billichen Rechtens, und auch unser Willen ist, das gegen Recht (Gegenrecht) gegen männiglichen, es sey in Erb oder dergleichen Fählen gesteift zu beobachten und die Frömbden und Einheimischen gleich zu halten, ja gegen denen, wo man die Unsrigen gleich als sich selbsten halten thut, wo aber solches nicht beschehe, werden wir mit Gleichheit ohne Underschied und Ansehen der Persohn entsprechen.

V. Abschnitt.

27. Geschehe es, dass zwey ledige Persohnen gesammen ehelichend, und der Knab der Tochter eine Morgengab verspricht, hernach aber Ehliche Kinder mit einanderen erzeugen, oder das Weib vor dem Mann stirbt, so soll die Morgengab aufgehebt seyn. Also soll ess auch gehalten werden, wann ein Wittiber eine ledige Tochter heurathet und ihro eine Morgengab verspricht; wann beschieht, wie gemelt worden; widrigenfahlss solle sie in Kräften verbleiben und dem Weib ohne Widerred aus des Mannes Mitteln bezahlt werden, und das an baarem Geld oder angenehmem liegendem Guth, nachdem die wehrender Ehe gemachten Schulden, nemlichen des Mannes zwey theil bezahlt seyn werden, dannethin aber solle die Morgengab den Vorzug haben.

Wir schliessen unsere Darstellung durch Mittheilung einiger in die Criminalgesetzgebung der ehemaligen Herrschaft Haldenstein eingreifenden Statuten.

1. Es soll kein Unterthan Manss oder weiblichen Geschlechts, wann von ihme wegen Schelt und TreuwWorten oder besorgender Schlägerey Tröstung durch den Weibel gefordert wird, solches abschlagen bei Buoss.

2. Item wann einer ein Lug gethan hat und sich klar erfunden oder im Gericht erwiesen wurde, das er gelogen hätte, soll der Buoss geben, der gelogen hat.

3. Für ein Faust Streich ist die Buoss zehn Schillig.

4. So einer den andern blutrund schlagt oder herdfällig macht (zu Boden wirft); steht in des Gerichts Erkanntnuss nach Beschaffenheit der Sach und des Fehlerss.

5. Item wer oder welche die seigen (seien), die da hörten, dass sich Spän und Stoss erheben, erheben wollten, die sollend schuldig seyn, best ihres Vermögens Fried beym Eid von selben zu begehren, und soll sich auch, wenn einer schon leiblos wäre, Niemand partheyen, weder mit Worten, Schläg noch Streichen in kein Weiss noch Weg und soll auch die Friedss Aufnehmung mit ordentlicher Bescheidenheit zugehn. Wo aber einer leibloss würde, soll der Thäter aufgehalten werden von Männiglich und auch, so einer flüchtig werden wollte.

6. Schlägt aber einer den andern über Fried und Vertröstung, ist Buoss das erste mal 20 Pfund Pfennig, das andere mal 40 Pfund und das dritte mal 60 Pfund Pfennig, und so einer weiter über Fried frefflete, soll er gestrafft werden an Leib, Ehr und Guth nach Beschaffenheit des Fehlerss und des Gerichts Erkanndtnuss.

7. Item so einer im Zorn gegen einem andern ein Stein aufnehme und mit demselben gleichwol nit wurff, so soll er nichts desto weniger gestrafft werden nach des Gerichts Erkanndtnuss; wirft er aber, so soll der Fehler auch desto grösser vom Gericht erkendt und gestraft werden.

8. Item so einer dem andern überbauet, überzeunet, übermähet oder überschneidet (d. h. bei diesen Handlungen in die Rechte und das Eigenthum des Andern übergreifen), soll er ge-

strafft werden nach Beschaffenheit des Handels, nach Erkandtnuss des Gerichts, es seye welche oder welcher geschädigt hätte, wie auch des Herrn (Freiherrn) Buoss (entrichten).

9. Im Fahl ein Herr (Freiherr) ein Persohn, seye wer sie immer wolle, umb offenbahre bekannte Missethat oder Indizien, welche auch nicht Zeit (Verschub) leiden mochte, zur Gefangenschaft setzen wollte, mag er solches auch thun; wo aber nit genugsam offenbahr, oder zweifelhaftig, soll er die Captur mit des Gerichtes Consens Wüssen und Rath thun. Es sollen auch all des Gerichtes einem Herren alle Jahr einmal die Fehlbaren anzugeben schuldig seyn, oder wo sie sonsten etwas (wüssten), so nothwendig zu offenbaren, bey den Eyden pflichtig seyn, zu oeffnen und anzugeben.

10. Wider eine abgestorbene Persohn soll kein Prozess errichtet werden, sondern gleich wie sie die Schuld der Natur bezahlt, so soll sie ruhig bleiben, ess sei dann Sach, der Prozess wäre bey Ihren Lebzeiten angefangen, soll dieser fortgesezt und in Form und Gestalt, alss wann die Persohn noch im Leben wäre, geendigt werden, damit der Gerechtigkeit ein Genügen geschehe und das Uebel anderen zum Exempel gestraft werde.

Ausser den vorliegenden Paragraphen konnten wir bisher keine weiteren Statuten über die Criminaljustiz der ehemaligen Herrschaft Haldenstein ausfindig machen. Der Verfasser fühlt das Dürftige und Unzureichende seiner Mittheilungen gar wohl, glaubt aber, dass auch diese einen Beitrag zur Beleuchtung eines Gemeinwesens liefern werden, das des Eigenthümlichen so Manches darbietet. Die Criminalobrigkeit in Haldenstein bestand aus sechs Mitgliedern unter dem Vorsitz des Freiherrn. Wie jeder andere Souverän, so hatte auch er das schönste aller Vorrechte, jenen Unglücklichen, denen das Gesetz und der Richter das Leben absprechen, Gnade für Recht angedeihen zu lassen.

„Die Ehesachen gehören vor den Herrn". Es bestand mithin kein besonderes Ehe- oder Konsistorialgericht. Der Freiherr war in solchen Rechtsangelegenheiten die einzige und im Hinblick auf seine Stellung höchste Instanz. Das Gemeindsfürstenthum am rhätischen Rhein stellt sich auch in dieser Richtung als eine Art monarchisches Patriarchat dar, das nur so lange andauern konnte, als die herrschaftlichen Angehörigen im Zustande politischer Unmündigkeit verblieben; aber sofort aufhören musste, als eine weiter gediehene bürgerliche Entwicklung im Bunde mit der Macht äusserer Umstände das Gängelband feudaler Bevormundung auf immer brachen.

Druckfehler.

Pag. 12, Zeile 3 von unten, lies 1540 statt 1542.

Im Verlage von **Leonh. Hitz** in **Chur** sind ferner erschienen und durch alle Buchhandlungen zu beziehen:

Andeer, über Ursprung und Geschichte der Rhaeto-Romanischen Sprache. 9 Bog. 8. geh. Fr. 2.

Archiv für die Geschichte der Republik Graubünden, von C. v. Mohr. 32 Hefte. à Fr. 2.

Caduff, das Turnen. Enthaltend: das Schul-, Militär- und Kunstturnen. 1862. 10 Bog. 8. broch. Fr. 2. 40.

Cassian, Geographie der schweizerischen Eidgenossenschaft. 2. verbesserte Aufl. Bog. 8. Fr. 2.

Civilgesetzbuch, bündnerisches mit Erläuterungen des Gesetzesredaktors Dr. P. C. Planta. 1863. 33 Bog. gr. 8. geb. Fr. 7.

Gamser, die Heilquellen Graubündens. 1860. 8 Bog. 8. geh. Fr. 3. 20.

Jahresbericht der naturforschenden Gesellschaft Graubündens. VIII. Jahrg. 1862. 23 Bog. gr. 8. Fr. 4.

Karte des Kantons Graubünden, nach der Dufour'schen Karte gezeichnet und mit verschiedenen neuen Angaben (neuen Strassen, Fernsichten, Ruinen etc.) versehen, von W. Mengold, Ingenieur; gestochen von H. Müllhaupt in Genf. 2. Aufl. Preis auf Leinwand. Fr. 5.

Planta, Vincenz v., die letzten Wirren des Freistaates der drei Bünde. (Vom Frühling 1797 bis Frühling 1799.) Herausgegeben von P. C. Planta auf Veranstaltung der Verwandten des Verewigten. 1857. 8 Bog. gr. 8. geh. Fr. 2. 50.

Taur, F. v., der Staatshaushalt der schweiz. Eidgenossenschaft im Dezennium 1849—1858. broch. Fr. 8.

Theobald, Naturbilder aus den rhätischen Alpen. Ein Führer durch Graubünden. Zweite vermehrte und verbesserte Auflage mit 48 Ansichten und 4 Kärtchen. 1862. 24 Bog. 8. geh. Fr. 5. geb. Fr. 5. 60.

— **das Bündner Oberland,** oder der Vorderrhein mit seinen Seitenthälern. Mit 5 Ansichten und einem Kärtchen. 1861. 14 Bog. 8. geh. Fr. 2. 50.

— **Leitfaden der Naturgeschichte** für höhere Schulen und zum Selbstunterricht, mit besonderer Berücksichtigung des Alpenlandes. 1. u. 2. Theil. Zoologie u. Botanik. 18. Bog. 8° geh. à Fr. 2. 40.

www.ingramcontent.com/pod-product-compliance
Lightning Source LLC
Chambersburg PA
CBHW020115170426
43199CB00009B/539